みさくぼの
伝説と昔話

二本松康宏｜監修

佐藤　妃莉
下川知沙子
羽石誠之助
東　　美穂
平手　結花
山本かむい
｜編著

三弥井書店

目次

伝説 59

世間話 93

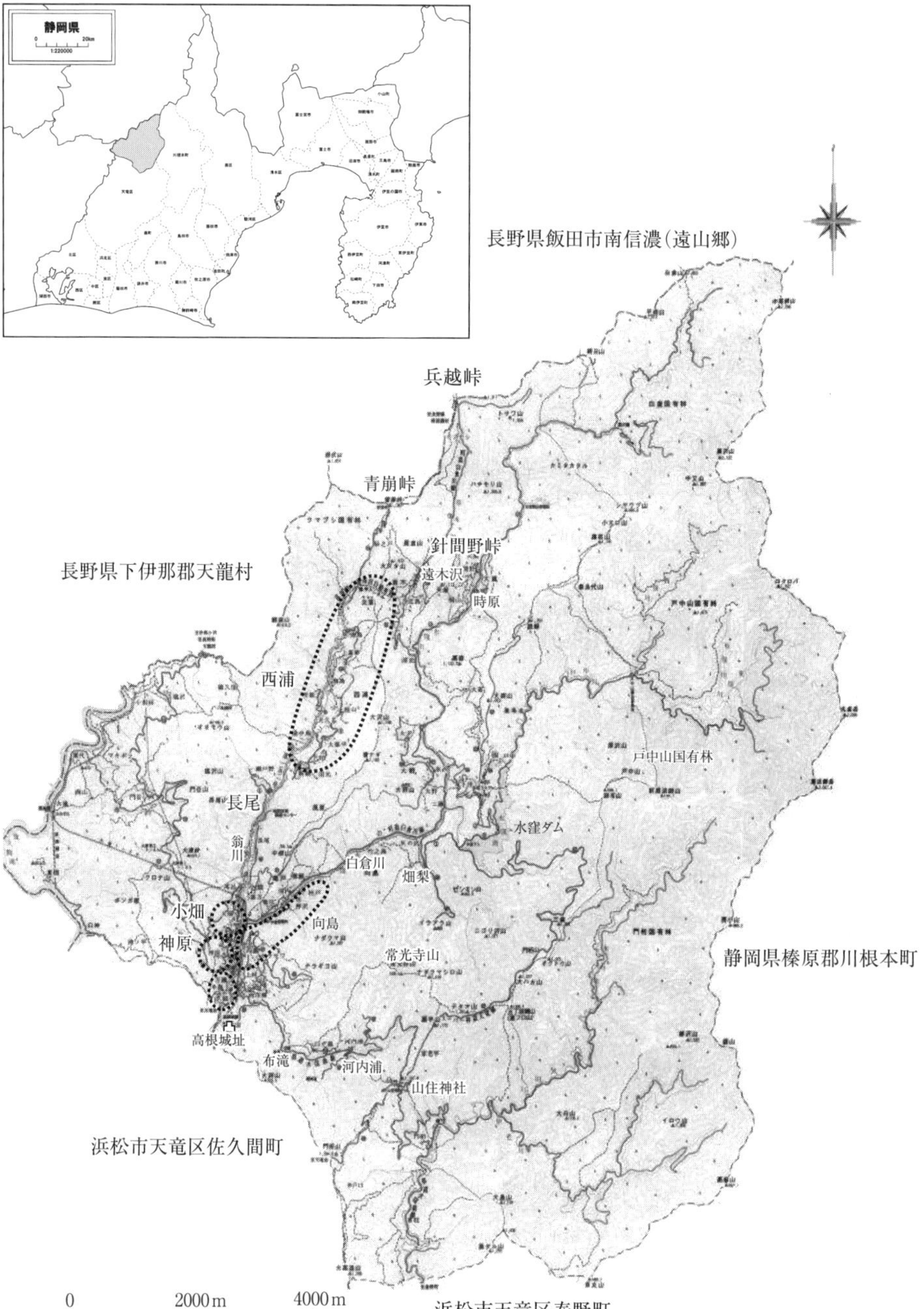
静岡県
0
20km
1:220000
長野県飯田市南信濃(遠山郷)
兵越峠
青崩峠
針間野峠
遠木沢
時原
長野県下伊那郡天龍村
西浦
戸中山国有林
長尾
翁川
水窪ダム
白倉川
畑梨
小畑
向島
神原
常光寺山
静岡県榛原郡川根本町
高根城址
布滝
河内浦
山住神社
浜松市天竜区佐久間町
0
2000 m
4000 m
浜松市天竜区春野町

序

二本松　康宏

平成二六年（二〇一四）から三ヶ年計画で始めた水窪での昔話の採訪はとうとう三年目を迎えた。一年目は大野、草木、門谷、向島、上村、門桁の六地区を訪ねた。二年目は西浦、長尾、竜戸、水窪（本町）、向市場。水窪町の一三自治会のうち、あとは小畑と神原である。小畑にはおよそ三〇〇世帯、六〇〇人近くが暮らしている。神原はおよそ二六〇世帯、五六〇人余り。これまでに私たちが訪ね歩いてきた地区とは、まさに桁が違う。小畑と神原で水窪町の人口の半分以上を占める。

近代以降の水窪は、おそらく三度の歴史的転換を経験してきた。小畑と神原は水窪における行政、経済・商工業の中核地域である。その三度の転換を間近で見てきた。あるいは転換の舞台そのものだったと言ってよいかもしれない。

水窪町自治会別世帯数

（2016 年 4 月）

自治会	世帯数
水窪	90
門谷	5
神原	261
小畑	298
竜戸	47
長尾	43
西浦	65
草木	12
大野	22
向市場	92
上村	38
向島	39
門桁	28
計	1,040

資料：浜松市自治連合会

最初の転換期は大正一四年（一九二五）である。二月二五日におきた水窪大火によって本町では約一四〇軒が焼失。江戸時代から続いた秋葉街道の街並みはほぼ灰燼に帰した。一一〇釜の製糸機を有した湯浅製糸工場も焼失した。養蚕は当時の水窪の基幹産業である。大火による損失は甚大だった。

　しかし水窪の復興は早かった。湯浅製糸工場に代わる養蚕の拠点として小畑に福島製糸工場が創業した。有志たちは生糸の販売組合を設立して販路の維持、さらには拡大を目指した。すべてこの年のうちのことである。

　火災の三ヶ月後の五月一〇日、かねてより内務省に請願していた町制が正式に認可され、奥山村は水窪町になった。翌大正一五年（一九二六）に編纂された『水窪町沿革誌』には「水窪は北遠の中心地にして交通の要路」と謳《うた》い、奥山村の称では「前途有為の青年に対し殊更侮辱を加ふ感あり」と憤慨している。町制は水窪にとっての悲願だった。

　町制施行とともに、新しい水窪町役場の建設をめぐる問題が生じた。人口も多く、田畑も広く、商工業者たちの経済力も伸びつつあった小畑と神原が町役場の誘致に名乗りをあげた。大火の被害をほとんど受けていなかったという点も大きい。それに対して本町が反発した。もともと奥山村役場が置かれていたのは本町である。本町に対岸の向市場が与《くみ》した。対立は激化し、鉄砲まで持ち出すほどの争いになったという。高木弥市町長は自身への白紙委任を提案し、それが叶わないならば町長を辞任すると迫ったらしい。町長の裁定によって町役場は神原に建設されることになった。

　二度目の転換期は町制施行からちょうど三〇年後にあたる昭和三〇年（一九五五）である。町は町制三〇周年の祝賀ムードに沸いていた。

　国鉄飯田線の水窪迂回ルートの建設が昭和二八年（一九五三）から進められていた。全国的な建設ブームによる木材需要の高まりに鉄道工事の特需が重なり、水窪には多くの労働者が集まった。材木商、山林関係者、鉄道工事の技術者や作業員などで街は賑わった。昭和三〇年、水窪町の人口は一〇，九四七人を記録する。四月には小畑、神原、本町、向市場に上水道が敷設されている。北遠地方では最初の上水道である。この上水道事業も昭和二八年からの突貫工事で進められ、わずか二年で完成させた。上水道敷設にかけた水窪町の決意は並大抵ではない。

そしていよいよ一一月に水窪駅と向市場駅が開業した。かつて『水窪町沿革誌』に「北遠の中心地にして交通の要路」と謳《うた》った水窪の誇りは、三〇年を経てさらに現実のものとなった。

昭和四四年（一九六九）の水窪ダムの完成は、同時に水窪の基幹産業である林業の衰退と建設特需の終焉も意味していた。すでに人口の流出も問題化しつつあった。

しかし水窪は未来を見据えていた。建設特需に沸きながらも、早くからその限界性を見抜き、行政の主導による工場の誘致を進め始めていた。昭和四四年から昭和五五年（一九八〇）までに六社（八事業所）が町に誘致されている。政府が山間地域への工場移転を促すために「農村地域工業等導入促進法」（昭和四六年）と「工業再配置促進法」（昭和四七年）を制定するよりも前から、水窪は工場の誘致に動き出していたのである。しかもそれらの事業所を市街地域に集中させず、大野下の氷沢や、西浦、門桁などの遠隔地にも分散させた。誘致の際、従業員の賃金は本社工場並みとする条件を付けたともいう。昭和五五年の資料によれば、この年の時点で八事業所の従業員数は四三八名。そのうち町民は三五四名。隣接する佐久間町や国鉄を利用して県境を越えて来る長野県からの通勤者もいたという。町が誘致した工場以外にも八社の町外資本が水窪に事業所を設け、約一四〇人の従業員を雇用していた。そうして水窪は誇り高きふるさとを守り抜いてきた。

三度目の転換は平成一七年（二〇〇五）の浜松市への編入だろう。

浜松市に編入したとき三,三六八人だった人口は、平成二八年（二〇一六）一〇月には二二〇六人に減ってしまった。一一年で一,一六二人、平均すれば一年に約一〇〇人、割合にしたら三五％の人口減少である。世帯数は一,三〇〇世帯から一,一一〇世帯になった。世帯の減少率は一五％に満たない。若い人は町を出て、高齢者だけが家に残ったからである。高齢化率（人口に占める六五歳以上の人の割合）五七％、水窪小学校の児童数は六学年をあわせて三八名（平成二八年五月）。限界的な少子高齢化である。

浜松市への編入のときに約束されていた旧町から継承されるはずの「高度な自治」は、その後の政策転換によって大きく変容した。水窪を歩けば合併に対する不満、というよりも怨嗟の声さえしばしば耳にする。「こんなはずではなかった」と。浜松市に編入しなければ町の財政はもっと厳しくなり、政策も住民サービスも破綻していたかもしれない。あるいは「鶏口となるも牛後となるなかれ」の故事のように水窪の独立を守り、水窪の誇りに殉じるべきだったのか。よそ者の私たちにはわからないし、それをとやかく言う資格もない。たぶん住民一人一人の思いや考え方も異なるだろう。住民の思いだけが正しいとも限らない。行政には行政の事情もあるだろう。

しかし、そうした中でも、町を元気にしようと頑張っている青年たちがいる。みさくぼ祭を、峠の国盗り綱引き合戦を、みさくぼ夢街道を、必死の思いで盛り立てている。イベントだけではない。水窪には日常の活気がある。が、その青年たち以上に高齢者たちは元気だ。「どんどん悪くなる。だがまだまだあきらめてはいない」。そう言って頼もしく笑った爺さまがいた。その笑顔には、かつて「水窪は北遠の中心地にして交通の要路」と謳われたふるさとの誇りが漲《みなぎ》っていた。

本書に目を通していただければ、すぐにお気づきになると思うが、本書に収載した伝説や昔話はすでに断片化あるいはダイジェスト化が始まりつつある。語り手たちの多くが言う。「あと二〇年早けりゃ、うちのお婆ちゃんが生きてたんだけどねぇ」「うちの親父はこういうのよく知ってたよ」と。たしかに二〇年遅かったかもしれない。しかし同時に「私たちは間に合った」とも思う。若い人は町を出てしまい、高齢者だけが家に残った。昔話を語ることができる人はいても、それを聴く人がいない。聴く人がいなければ、昔話は遠からず途絶えてしまうかもしれない。私たちが出会った語り手の大半が、昔話や伝説を語ることができる最後の世代になるだろう。だから、私たちは間に合ったのだ。

「語りのまま」「方言のまま」に採録し、公開する。そして未来に託す。それが『水窪のむかしばなし』（二〇一五年）、『みさくぼの民話』（二〇一六年）、そしてこの『みさくぼの伝説と昔話』に一貫してきた私たちの指針である。私たちは、昔話を地域と家庭に受け継がれた文化財であると考えている。口承文化財を保護し、未来に伝える。二〇年後、三〇年後、あるいは一〇〇年後の世の中で、いつか水窪の方言と昔話の復元が必要になるときがくるかもしれない。そのとき、きっとこの本が役に立つはずである。そう信じてこの本を編んでいる。

凡　例

一　本書は、静岡文化芸術大学 文化政策学部 国際文化学科 二本松康宏ゼミ（伝承文学）に所属する学生が、平成二八年四月から平成二九年一月にかけて静岡県浜松市天竜区水窪町において実施した昔話調査の成果の一部である。

二　水窪町での昔話調査は、平成二六年度からの三ヶ年計画により、町全域での採録を実施してきた。その三年目（最終年）にあたる平成二八年度は、水窪町の中心市街地である神原、小畑において集団調査と個別調査を実施した。また、これまでにも採録をしてきた西浦、長尾、向島において追加調査（個別調査）を行った。

三　平成二六年度の調査成果については、『水窪のむかしばなし』（二本松康宏監修、内村ゆうき・植田沙来・野津彩綾・福島愛生・山本理紗子編著、三弥井書店、平成二七年三月）を参照していただきたい。

四　平成二七年度の調査成果については、『みさくぼの民話』（二本松康宏監修、岩堀奈央・植木朝香・末久千晶・鷹野智永・久田みずき編著、三弥井書店、平成二八年四月）を参照していただきたい。

五　調査は浜松市天竜区水窪協働センターの協力を得て実施した。

六　調査では都合六五名から話を伺い、昔話五七話、伝説七二話、世間話四九話、言い伝え一二話を採録した。本書ではその中から昔話三五話、伝説二三話、世間話二〇話、言い伝え四話を掲載している。

七　話の題名は『日本昔話大成』や『日本昔話通観』を参考にしながら、話者の語りをできるかぎり尊重した。

八　話はすべて原則として「語りのまま」「方言のまま」に掲載している。

九　昨今の社会情勢（個人情報の取り扱い、高齢者を狙った特殊詐欺犯罪の危険性など）に配慮し、本書では話者の伝承環境（生い立ちや生活）などに関わる情報・資料・解説などは掲載しないことにした。氏名、生年（月日を含まない）、おおまかな住所だけを掲載する。

昔話

1　桃太郎

高氏　秩子（向島）

それこそお爺さんとお婆さんがあって。お爺さんは山へ芝刈りに行きました。お婆さんは川へ洗濯《せんだく》に行きましたって。それで川で洗濯《せんたく》をしていると、沖の方から大きな桃がドンブリコドンブリコと流れてきて、お婆さんは拾ってそれを家《うち》に持ち帰りました。で、お爺さんが来るのを待って、まな板の上で割ったら、かわいい男の子が生まれて。桃から生まれたから桃太郎と名付けて、もう日頃大事に大きく育てました。桃太郎が大きく成長したら、「鬼退治に行きたいから、お婆さん、黍団子《きびだんご》を作ってください」と、言って、黍団子を作ってもらい、鬼ヶ島へ向かいました。

少し歩きだすと、最初、犬に会って。「桃太郎さん、お腰につけているものは何ですか」って聞いて、「これは黍団子だよ」って。「それを一つください」っていただいて、「私がお供します」って言《ゆ》って。またその桃太郎と犬と歩いていると、今度猿に会ったわけね。猿もまた「桃太郎さん、お腰につけているものは何ですか」、「黍団子だよ」ったら、「僕にも一つください」と。そいでもらって、また猿と今度三人っちゅうか、二匹と歩いていると雉が出てきて。雉も、「桃太郎さん、お腰につけているものをください」。もらって。桃太郎と犬、猿、雉と鬼ヶ島に向かいました。

　そして鬼ヶ島に着いて、青鬼とか赤鬼とかいっぱいいる鬼を退治して。それから鬼の宝物を、あの、もらうっちゅうことはないだけども、それを持って。犬が綱引き、猿と雉が後押しして。ほいで、いっぱいの荷物を持って家《うち》に帰ってきて、それでお爺さんとお婆さんに、育ててもらったというお礼をしたということなんですけどね。それで恩返しをしたっていうかね。育ててもらった恩返しをした。

（平成28年7月16日採録）

2　一寸法師

高氏　秩子（向島）

あるところに、ちっちゃな一寸《いっすん》くらいの、男の子がね、いて。それでまあ、そこにはお婆さんとかお爺さんもいたんだと思うんですけど。

で、ある日ね、「鬼退治に行きたい」とか言《ゆ》って。ほいで、お椀の舟に、箸《はし》の櫂《かい》っていって、箸でね、こうやってね、まあ出かけてね、鬼ヶ島へ。ほいで行って、まあとにかく、鬼と戦って。もう針のこの刀、針の刀を持ってって、ほれで倒しちゃって。鬼が何かお酒飲んで酔ったときだったかなんか、ほいでもう倒しちゃって。

そいでね、打ち出の小槌《こづち》だか何《なん》かがあって。その小槌をね、これももらったのか、「負けました」っつってお土産にくれたのかわかんないけど。それでその小槌を三回振ると自分の思うことが叶うって。ほで「大きくなれ、大きくなれ」って。小槌を振ったら、自分が一寸だったのが、立派な人になって。ほで、ものすごい大きなおとなになりましたって。

（平成28年8月9日採録）

3　かぐや姫

高氏　秩子（向島）

むかしね、そのむかし、お爺さんとお婆さんがいてね。そいで、竹採《と》り行って。お婆さん置いといて、お爺さんが採りに行って。それでこう竹藪入ったら、ばかに光る竹があったから、ほいでそれをこう伐《き》ってみたら、中からかわいいねえ、女の子が、出てきたとかって。ほで、それで出てきて、お爺さんとお婆さん大変喜んで。で、まあ大きくしたんだって。

そしたら、もう綺麗で本当もうすごく綺麗な、娘さんに育って。そしたら方々《ほうぼう》から「お嫁さん欲しい」って来てね。ほいで、まあ殿さまも来たかもしれないし、まあいろんな方《かた》がみえて、立派な方《かた》が。それでも中々「行く」って言《ゆ》わなかっただって、お嫁さんに。そいで言《ゆ》わなかったんだけど、「どうしただろう」ってお爺さんともう心配してたら、ある日ね、「私は、月から来た人間だ」って言《ゆ》ったって。ほれでもう驚いて。「もういつかは帰らにゃいかん」って言《ゆ》って。で、ばかに驚いちゃって。で、そったらお爺さんとお婆さんも、「まあそういうあれなら」って言《ゆ》って。あれしたら、十五夜の晩に、帰って行ったって。

（平成28年8月9日採録）

4　花咲か爺

高氏　秩子（向島）

　むかしむかしね、あるところにお爺さんとお婆さんが住んでいました。ある日、お爺さんが外に出ると、家で育てていた犬のポチが、野原で、畑《はた》でね、「ここ掘れワンワン」と教えているので、そこを掘ってみたと。そすとお爺さんは、ポチの教えに従い掘ってみると宝物がザックザック出てきたと。それを見ていた隣の意地悪おじさんがポチを無理やり連れて行《ゆ》き、鳴かせて地面を掘ったら、木の切れ端やら泥がたくさん出てきて。ほいでそれでその意地悪おじさんは怒っちゃって、ポチを殺してしまったと。

　ほいで、優しいお爺さんは大層悲しんで、ポチのお墓の上に木を。すると、その木がだんだん大きくなって、臼を作るくらいになった。それで臼ができたので、餅つき臼っちゅうのね、それでお餅を搗《つ》いたら、またもや宝物がザックザックザック出てきて。それを見ていたまた意地悪爺さんがその臼を持ってってって、お餅をまた搗いたら、もう泥んこやら何から石からいっぱい出てきて。ほいで、また怒っちゃって、意地悪爺さんは。ほいで、その餅つき機を割ってしまったんだって。

そしたら、またお爺さん、優しいお爺さんは、その割れたので、こう燃《も》して灰を作ったんだって、灰。それでその灰を、枯れ木に、木に登って枯れ木にパーッと撒《ま》いたら、綺麗な花が咲いて。そこをたまたま通りかかった殿さまが「あー、綺麗だ」ってすごく褒《ほ》めて。何ちゅうか、褒美《ほうび》っていうかな、何《なん》かをくれたらしいんですよね。そしたらそれを見ていた意地悪おじさんがまた同じことを、灰を持ってって、枯れ木の上から撒いて。たまたままた通った殿さまの目やら何やらに入っちゃって。ほいで、すごく、まあ何ちゅうか、叱られて。そいで悪いお爺さんは「あー、私は悪いことをしてはいけない」って改心しましたって。

（平成28年7月16日採録）

5　舌切り雀

高氏　秩子（向島）

それこそこれはお爺さんとお婆さんが住んでいたんですよね、やっぱり。それで雀を飼っていたわけなんです、一羽。

それである日ね、お婆さんが糊《のり》を作ってたの、こうやって。そしたらね、その糊を雀がちょっといたずらしたっていうか、食べたんですよね。そうすっとお婆さん怒っちゃって、雀の舌をちょん切《ぎ》っちゃったの。それで、鋏《はさみ》でね、ちょん切《ぎ》っちゃった。それを帰ってきたお爺ちゃんが聞いて、それで、雀泣きながら飛んでいっちゃったっていう話を山から帰ってきたお爺さんが聞いて。ほいで、それを知ったお爺さんはかわいそうに思ってね。ほで雀を探しに出たわけ。

そいで野山へ出かけて歩きながら「雀、雀、雀のお宿はどこだ」って呼びながらずっと歩いてたわけ。そすと、雀が出てきてね、「ここですよ、お爺さん」って言《ゆ》って。ほいで、雀が呼んでくれたわけね、それでお家《うち》へ。雀のお家へ。そすと、まあ色々ごちそうを作ってくれたり、それでまあ、本当に夢のような感じで。ほいで「帰りにね、何かお土産を」って言《ゆ》って。そいで葛籠《つづら》を出して、「大きいほうがいいか小さいほうがいいか」って。そしたらお爺さんはね、「じゃあ小さいほうのをいただこう」って言《ゆ》って。で、それを持ってお家《うち》に帰ってきて、開けたらもういろんな素晴らしいものが入ってて、宝物が。それで「これはすごい」って言《ゆ》って。

で、お婆さんも今度ね、真似っこして、それこそ「雀のお宿はどこだ」って探して。それで雀が、また、お婆さんも同じようにいろんなもてなしをしてくれて。それで帰りがけに、「お土産をあげるけど、お婆さんどっちのほうがいいか、大きいほうがいいか小さいほうがいいかね」って聞いたら、お婆さん欲張りだから、大きいのを。でその大きいのを持って帰って、楽しみにしてて、家に帰ったら、もうがらくたな物がいーっぱい入っちゃってて。「あー、これはあれだ」って言《ゆ》ったけど、それから欲張ることはやめましょうって。

（平成28年7月16日採録）

6 瘤《こぶ》取り爺

高氏　秩子（向島）

それこそ、あるところに、お爺さんとお婆さん、これはまあ大体そうなのね、おりました。むかしはね。お爺さんは右に大きな瘤があって。右、多分、右に大きな瘤があって。ほいであるときね、お爺さんはね、山へ木を伐《き》りに行ったんです、出かけたんです。そうすると、木を伐っているあいだに天気が崩れてきて、雨が降ってきたと。雨が降ってきて、それでお爺さんはね、こうたまたま木のこういう洞穴、この中に入れるくらいの瘤の中に、見つけたもんだから、そこでこう雨宿りしてたわけね。そうすると、うとりうとりしちゃったの。仕事してたからね。

うとりうとりしてて、そうするとちょっとこう目が覚めると、青鬼やら何やらがね、こういっぱいに踊ってたわけ。ちょっと祝宴あげて、踊ってて。それでお爺さんこうやって見てたんだけど、なんかね、自分もはしゃいじゃって、一緒に踊りだしたって。鬼たちと一緒に。ほいで、いろんな、この踊りやったり食べたりしているうちにね、鬼たち、鬼がね、「お爺さんのね、瘤が欲しい」っちゅったの。ほいで、お爺さんはね、「こんなに楽しい思いをさしてもらったから、じゃあ、瘤をあげましょう」。ほいで、瘤をあげて。ほいで、あげたからお家へ帰ってきたんだけど、お婆さんがびっくりしちゃって。瘤がないから、「どうしたんだね」って言《ゆ》って聞いたら、「まあこういうわけで鬼と一緒にやってて、瘤が欲しいって言うから瘤をあげた」と。「ああ、お爺さんいい男になっちゃったね」って言《ゆ》って、すごいまた惚れ直したとか。

（平成28年7月16日採録）

7　姨捨山《おばすてやま》（枝折・灰縄）

鈴木　杉枝（神原）

それはねえ、姨捨山という話でね。歳が、まあ何歳以上かな。八十歳以上だか、とにかく歳がやるとね、もう山へ連れて、ほでお婆さんを置いてきて、そういう掟《おきて》があっただいね。掟があって、そいでそこの家《うち》でも孝行息子がね、「自分の親だけど、そういう掟だから」って、そのお婆さん、親をね、背負ってね、坂道をずーっと、山の道をね、行くと。「息子が帰りに迷っては困る」と思ってね、木の枝を折って道へポトポトと落といて、そして山へね、だんだんと登ったわけだよね。息子が困らないように、降りてくるのに、道しるべっていうかね。ほうだけど、山へ登ったけれども、いかにもそのお母さんを置いてくるのにしのびず、またおぶって帰ってくる。おんで、家《うち》へ。ほで、やっぱり、この見えるところではね、都合悪いと思ってね、そういう掟があるから。ほいで、下蔵《したぐら》っていってね、こういう家《うち》の下へね、そのお婆さんをねえ、隠して住まわせたわけだよね。

そうこうしているうちに、何、そのお殿さまからね、灰の縄を作れたらね、作るようにおとねくれたのだと、塩をずーっと触れが出たわけだよね。それで息子がお母さんに聞くと、「灰の縄を作るには、塩をずーっとね、まぶして、そして焼くと、そのままのね、縄の形の、灰で縄の形が残る」と、ね。それを教えてくれて。そうしたら本当に、息子もやったらできて。それをお殿さまに持ってったらね、お褒《ほ》めの言葉をいただいて。それで「実はその、これはね、掟に背くけど、母親が教えてくれたのだ」って。それからね、姨捨山の、姨捨山という掟はね、なくして年寄りを大事にしたということをね。

（平成28年6月4日採録）

8　姨捨山《おばすてやま》（灰縄）（一）

鎌倉　光子（大里）

まあ無理を言《ゆ》う殿さまがおってね。ほんでね、若い衆に、「灰でね、縄なってこい」っつってね。灰で縄なえるわけないと思ってね、困って困って。そして、その姨捨山に行ってね。それで「何か困ったことあるだら」って言《ゆ》われて。聞いたら、そうやって言《ゆ》われたって。ほいでそれは「それじゃ縄なっといてね、こういう台の上置いて、火をつけて焼いてやれば、そのままね、形に残るので」って言《ゆ》った。それで持ってたら、「お前の知恵じゃないな」って言《ゆ》ったとかって。それからね、姨捨、捨てなくてよくしてくれたって。年寄りを大事にしなきゃってていうことになったたって。

（平成28年6月4日採録）

9　姨捨山《うばすてやま》（灰縄）（二）

中谷　弘子（大原）

もう年が六十だったかな、あの歳が決まってて。で、その歳になると、そうするとやっぱり食べ物がね、たぶん貴い時代だったから、「もう年寄りは山へ」っていうことで、仕方なくおぶって。決まりだから。規則だから。で、連れって置いてきたんだけど、その殿さまに「灰で縄をなえ」って言われたときに、息子さんが困って。で、そのお母さんのとこ、山へ登ってってったお母さんに、「そう言われて困った」って話したら、そのお母さんが「縄をなっといて燃やして、できる」って教えてくれて。で、それをやってその殿さまのとこへ持ってってって。そうしたら、年寄りの尊い、尊い知恵が大事でっていうことがわかって。そいで姨捨山ってのが無くなったたって。

（平成28年7月17日採録）

10　姨捨山《おばすてやま》（灰縄）（三）

伊藤　幸太郎（向島）

領主がね、お年寄りを、「姨捨山へ行きなさい」っていうルールがある時代に、孝行の息子が自分の家《うち》の下蔵《したぐら》っつか、お年寄りを匿《かこま》っておって。ほいで姨捨山連れて行かなかったと。ほで、殿さまが百姓に難題をつけて、「灰でなった縄を持ってこい」と、そいて言《ゆ》ったと。ほいたらその、聞いた息子が、その匿《かこま》ってるお年寄りのお婆さんだかに、「殿さまからこういう難題出たけど、どうすりゃええでえ」っちて。ったら、「それは縄をなっといて、火をつけて燃やせば灰になる」と。「それを持ってきゃいいだよ」っつって。ほいで持ってった。たら、「お前は利口《りこう》だ」って褒《ほ》められたって。「褒美《ほうび》は何でもやるで」っつって、「何が欲しい」ったら、「じゃあ、姨捨《おばすて》をやめてくれ」って。ほいで。

（平成28年6月18日採録）

11　子どもの好きな地蔵さま

鎌倉　光子（大里）

それこそ、あんまりね、どこにも広場がないもんで、そういうとこ行って子どもが乗ったりね、背中叩いたりとかするんですよね。それで、それを、「神さまだで叩いちゃいかん」っつって、近所のお年寄りが怒ったら、夢に出てきただかね。お地蔵さんが「喜んで遊んでたのにね、止《と》められちゃって」って言ったたって。

（平成28年12月3日採録）

12

弘法さまと馬糞飯《まぐそめし》

中谷　弘子（大原）

むかしな、乞食《こんじき》が歩いてきて。馬糞の上に、ご飯粒が落ちてたちょうばいや。で、手で拾って食べるとなあ、手が汚くなるもんで、舌べらでぺろんと、食べていって。皆《みんな》がびっくりして見てたら、そいたらなあ、後ろから、背中の方から後光《ごこう》がさして。それが弘法さまの姿だったちょうぞうって。

（平成28年8月9日採録）

13　狼の恩返し

鎌倉　光子（大里）

峠をね、峠を渡らんと帰って来れないもんで。そしたら、狼がすごく怪我してね。死にそうで。死にそうでいたっていうのか、動けなくていたのでね。それを治療してあげたっていうか、棘《とげ》が刺さっただか何かって言っただよ、喉《のど》へね。取ってあげて。それで帰って。

そしたらそのあと今度行ったときにはね、猪をね、置いてね、それで顔見たら帰ってったって。

（平成28年12月3日採録）

14　松ぼっくりで飯炊き

池田　絹代（西浦）

むかし、姉妹《きょうだい》だったださと思うだね。お姉さんと妹とよ。そこへ、お嫁さんをもらいに来て。それで、「やっぱし、ご飯を上手に炊けた人をお嫁さんにしたい」っつって。それで、その松ぼっくりを、同じ量を与えられて。それで、お姉さんは炊いたことあるだかなんだか知んない、一気にその火が燃えればご飯が煮えるっつうことがわかった。妹は、少しずつ長くやってるうちに、上手くできるっつうような感覚でやったわけだよね。んで、お姉さんのは、一気にバーッと燃えたったもんで、その、煮えたって。その残り火で、あの、蒸しができたわけ。そんで妹は一つずつ燃《く》べているうちに、もう火が勢いよくならなしに、もう終わっちゃったわけ。そんだもんで、もう、うまく炊けなかったっつわけ、ご飯をね。そんだもんで結局、お姉さんの方をお嫁さんにしてもらったっつう。

（平成28年7月2日採録）

15　蛇聟入《へびむこ》り（一）

中谷　弘子（大原）

娘さんのとこに夜這《よば》いに来る人があって、なんか戸を閉めてあっても入ってくるって。で、不思議に思った親が「これはおかしいな」と思って、それで「長い糸をつけた針を付けよ」って。「付けて、様子を見ろ」っていうことで、付けさせたんだって。で、その帰った後《あと》、その糸をたどって行ったら、淵のとこ行って。で、それが、蛇《じゃ》がその息子に化けて、あの男の人に化けて、娘さんのとこへ通っていたって。

（平成28年7月17日採録）

16　蛇聟《へびむこ》入り（二）

鎌倉　光子（大里）

それこそ綺麗《きれい》な男の人がね、娘さんのとこに夜這《よば》いに来るんだけど、もう朝になるとかならずいないし。で、聞いてみてもよく娘さんのわかんなくて。で、見ていたらどうも蛇《じゃ》だって。うろこが落ちてたとかね。ほで、つけてったらどっかの穴へ入ったたって。洞窟っていうだかね。

（平成28年6月4日採録）

17　因幡《いなば》の白兎

高氏　秩子（向島）

あのね、兎はね、賢い兎で、向こうへ行きたい、向こう山へ行きたいけど海があるから行けなくて。「どうしたらいいかな」と思って、たまたま鰐《わに》が来たもんだから、鰐に「数えてあげるから、何匹いるか」。ほんで並ばして、その上をトントコトントコ渡って、岸に着いたわけなんだけど。ほいで、それ、そのまま行けばよかったのに、ちょっと意地悪言っちゃったわけ。それだもんで鰐さん怒って皮を剥《む》かれちゃって。

それをね、通りがかった大国主命《おおくにぬしのみこと》というね、命《みこと》がね、「ああ、これを丸裸にした兎さんがいるから」って言って。蒲《がま》の穂って知ってる？　こうシューっとこうなっててね。ここに、このぐらいの長さで、こう毛糸みたいについて、ぽっぽっぽって。何か知らないけど、こうふわんふわんしてるよ、毛糸みたいな感じで。蒲の穂っていうんですよね。それでそれをこう一面に敷《ひ》いて、それでこう包んであげたわけ。毛がないから。そいで、そしたらね、元に戻ってきて。大国主命に「もう私は絶対悪いことはしないから」って許してもらってって。

「ありがとうございました」って言ったたって。

（平成28年7月16日採録）

18　兎と亀

高氏　秩子（向島）

それこそさね、兎さんがよ、ある日ね、その亀と兎が山の上で散歩していると、何か「競争しよう」ってことになりましてね。ほいで、よーいどんで向こうの山を目指して飛び出したんだけど、もう兎は早いからどんどんどんどんこう山を越え、途中で「亀さんはね、のろいからまだまだ来ないだろう」って。そう言って、ちょっと昼寝しちゃったんだよね、兎が。そうすると亀はもう真面目に真面目にもうことことことことことって歩いてって。ほいで兎を抜いてしまったのね、亀が。それで亀がね、先に着いちゃったわけ、結局。山に、その目的地の山に。それで兎がひょっと目が覚めたら、もう。それからもう走って行ったんだけど、亀の方が先に着いて。まあ油断大敵っていう意味じゃないのかなって思うんですけどね、やっぱり。

（平成28年7月16日採録）

19　猿蟹合戦

高氏　秩子（向島）

むかしね、猿と蟹と栗と臼と蜂が、住んでいた。ある日、猿と蟹がね、散歩に出かけたと。ほいで、その途中でおにぎりを拾った。ほいで猿は小さなおにぎり拾って、蟹は大きなおにぎりを拾ったんだけど、その猿はね、取っちゃったわけ、大きいのを。それで蟹に小さいのを与えて。

そんなことをしながら、まあ歩いていると、今度はね、大きな柿の木を見つけて。それにものすごい実がなってて、もう食べごろの実がなってて。だから、猿がね、「僕は木登りが上手だから、木に登るから下で拾ってね、落とすから拾ってね」って言《ゆ》って、まあ、蟹は下で待ってたわけ。そうすると猿がね、自分でいいものばっかり食べて、それで青いのを蟹にぶっつけたんだって。

ほいで、そういうことを見ていた栗と臼と蜂がね、「こんなかわいそうなことして、今度はね、私たちが仇《かたき》を討ってやろう」っつって。その四人、まあ四人っていうか、一緒にいた蟹、臼、栗、蜂がね、お家《うち》に行って、ほんで「猿が帰ってくるのをね、ここで待ちましょう、仇とりましょう」って待ってて。それで猿が帰ってきてね、囲炉裏《いろり》のそばに座ったんだって。そしたらそこに隠れてた栗がね、バーンと爆《は》ぜちゃってね、こう体にあたっちゃって。「わー、痛い痛い痛い」って言ってね、水瓶ね、焼けたもんだから、水瓶のところへ行って、もう、冷やそうと思ったら、そこに蜂が隠れてチックって刺しちゃって。「あー、痛い痛い痛い」って言ってね、今度は外に飛び出そうとしたら、臼が、こういう天井のところで待ってて、ほいで、その上にパターンと落ちて。それで、まあ、猿さんがね気がついて、「あー、僕が悪かったから」って蟹に謝って、それから仲良く暮らしたそうなって。

（平成28年7月16日採録）

20　かちかち山

高氏　秩子（向島）

むかし、お爺さんとお婆さんが住んでたとこに、お爺さんがね、山で狸《たぬき》、捕まえちゃったのね。ほいで何《なん》かこう天井にこうやって吊るしたわけ。こう、獲ってきて。ほで夜になったらね、食べようっていうわけで、狸を。それで、お爺さんはそこへ吊るして、仕事に行ったわけね。

そすと、お婆さんがね、台所でね、稗《ひえ》ってむかし言《ゆ》ったんだと思うだけど、臼で搗《つ》いてたわけ。こうやって稗を。そすとね、狸がね、「お婆さん大変だから僕が搗いてあげる」って言って。ほいで「この縛ったのをとってくれ」って言ってね。それでお婆さんは、「まあじゃあ、大変だもんだから、狸が応援してくれるなら」ってほどしてしまったわけ。そしたらね、この狸がね、お婆さんまでこうに搗いちゃったっていうか、傷つけちゃったわけだよね、結局。それで山の方へ逃げちゃって。

それを兎さんがね、見ていたっていうかさ、「お婆さんの仇をとらなきゃ」って。それで今度は狸さんのところへ行って、「薪《たきぎ》をね、作ってあげましょう」って話《はなし》したわけ。そして「薪をね、取りに行きましょう」って、兎と狸と。薪を取りに行って、それで、「じゃ、狸さん、先にね、歩いてください。私が後ろから行くで」って兎が言《ゆ》って。ほいでね、狸の背中に、薪背負《しょ》ってるから、ちょっとこうね、火をつけた。そしたらカチカチカチカチ、パチパチパチパチ燃えて、「あちち、あちち」って言《ゆ》って。

ほいで、海辺の方へとんで行ったのかな。そして、そこに船があったんだよね。何か泥《どろ》の船か何《なん》かがあって、それに狸が飛び乗って。それで、そしたら泥の船だから、狸の船が結局沈んじゃって。ほいでまあ「助けてくれ」って言って。ほいでまあ兎が助けてやって「これからはそんなもういたずらしてはいけない。いたずらするとこんな風に、いろんなことがあるんだよ」っていうようなことを伝えて、狸も改心したとかって。

（平成28年7月16日採録）

21　十二支の由来（鼠と牛、鼠と猫）

守屋　百子（大里）

それはねえ、やっぱしその歳の神さまかな。年の順番決めるっていうことがあって。ほんで、「どこそこのお宮さんへ集まれ」っていうことになって。ほで、こうぞろぞろ、まあ行ったわけですよね。そいたら、鼠は牛の頭へちょこんと乗ってって。そいで、猫には教えてなかったって、集まる日を。ほで、鼠は牛の頭に乗ってって、その刻限にぴょこんっと、牛の頭から。だから一番先が子《ね》だ。子《ね》、丑《うし》、寅《とら》ってのがついた。ほで、猫は入ってないでしょう。嘘つかれたから。ほで、鼠を追わえるようになったんだって。

（平成28年6月4日採録）

22　十二支の由来（鼠と猫）

鎌倉　光子（大里）

それはね、「今度決めるのがあるよ」ってどっかでいうあれでね、神さまに。ほれで、皆《みんな》行ったんだけど、鼠が猫を騙《だま》したんだってよね。一日ずらして言《ゆ》ったもんで。だでね、猫が鼠を追わえるだって。

（平成28年6月4日採録）

23　十二支の由来（蛇と蛙、犬と猫）

竹中　あさゑ（西浦）

蛙はねえ、その、蛇が、蛇は巳《み》の歳であるだけど。蛙は「お前はなあ、俺の足を噛《か》めばいい」って。「後《あと》がいい」っつったってよ。ほんなもんで、蛇が一番最初、蛙を噛むとき、右足だか、噛むんだっけね。蛇いつも、蛙を飲んでるじゃない。こう、見てるとねえ、蛙に、かならず、こやって食うよ。そうで、右足だか、蛙のね、こう噛むように。

猫はねえ、馬鹿にされて。犬に馬鹿にされたつったかね。日にちを間違えて言《ゆ》っただって。そんなもんで、みんなが今日の日っていうとき、あくる日行ったもんで、猫は干支《えと》に入らないとかいう。

（平成28年7月2日採録）

24　雀の孝行と燕の不孝

粟野　やす（大里）

綺麗だら、燕《つばめ》は。羽も綺麗で。ほいで、餌《えさ》は虫よね、燕の。ほいで、親が病気で危篤《きとく》んなったとき、燕はおしゃれをしてきて、死に目に会わなんだって。会えなんだ。

雀《すずめ》は、親が病気の、やっぱり危篤んなったとき、なりふりかまわず、仕事着のままおしゃれもしらず、飛んでって、いっしょけんめい看病したもんで、米が授かったたって。

（平成28年6月4日採録）

25　豆と槌と藁

栗野　やす（大里）

豆とね、槌《つち》と、あの藁《わら》を叩く槌ね、こんな太い槌と。豆と槌と藁と。三人つか、三つで川を渡るって言《ゆ》って。

それから藁が橋になって、豆が真っ先に渡って、向こう側におって。ほいで、豆は早渡《はよ》って向こう側におって。今度《こんだ》、槌が渡ったら、槌が重いもんでね。藁は軽いら。ほいだもんで槌が沈んじゃったって。向こう側渡らんうちに。

ほいだもんで豆が笑って笑って口が裂けて。ほで、「赤い糸で縫う」ってったら、赤い糸がないもんで、黒い糸で縫ったもんで、豆の口は黒いって。

（平成28年6月4日採録）

26　麦と米と蕎麦《そば》

守屋　百子（大里）

歳神《としがみ》さまが通りかかって。そこに、米と、麦と、蕎麦がいたと。それで、その三人っていうかなんかわからないけど、その人たちがいて、まあ、そこへ歳神さまが通りかかって、「この川を渡りたいんだけど、誰か一人、渡してくれないか」と。それで、まず、米に「負《お》ぶってくれ」って言ったらしいんですよね。そしたら米は、「冷たいで嫌」って言《ゆ》って、言《ゆ》ったって。そいで、その次に麦は、麦はったら、「嫌だ嫌だ」つって渡してくれなかったって。その三番目が蕎麦だったたって。で、蕎麦は、「うん、なんとかしてやる」っちゅことで、冷たい川を渡ったと。ほんで、そこを蕎麦が渡してやったと。そいで冷たい水だったもんだから、足が真っ赤になって、今でも蕎麦は、根っこの方がね、赤いっていうらしいんですよ。

そいで、そのお米は、「田んぼの中で水に浸《つ》かっておれ」と。まあ何ヵ月か浸かっておるわけでしょ、米は、田んぼの中にいるから。「冷たい思いしてもしょうがないじゃない」っていうことになって。まあ「水に浸かっておれ」と、いうことで。麦は、麦踏みとかで踏ま

って「辛抱して寒いところにいなさい」と。寒い時期を通るし、それで踏まれるから。れるから。それで踏まれるし、寒い時期を通ると。「辛抱して寒いところにいなさい」って

言われて踏まれて踏まれて通ったと。いまだにそうだっていう。ほいでお蕎麦は、「よくぞ私を、渡してくれました」ってことで、足は赤くなったけど、蕎麦は種を撒《ま》いてから七十五日ぐらいで蕎麦を刈れる。だから畑で働く時間が短いと。それが結局その子に対する褒美だったわけ、ね。ほんで、「一年中働かなくても、私を助けてくれたんだから、それだけ働けばいいんだよ」っていうことだって。

（平成28年6月4日採録）

27　麦と蕎麦《そば》

中谷　弘子（大原）

親がなぁ、死にそうになってて。で、蕎麦と麦に話したら、蕎麦は親の死に目になぁ、会いたい。必死で川を越えて、寒い、冷たい水のね、川を越えて行ったもんで、親の死に目に会えたけど。麦はなぁ、のんびり行ったもんで、親の死に目には会えなかったんだぞって。

（平成28年8月9日採録）

28　久太《きゅうた》と蛙《かえる》

竹中　菊男（西浦）

むかしね、久太郎という人がよ、博打《ばくち》に負けてよ、朝方、帰ってきたところが。しょぼしょぼ。そしたら、田んぼの畦《あぜ》に、蛙がおったってよ。それで蛙を今度《こんだ》はその久太郎が踏んだくったってよ。「この野郎。俺を博打で負けてきて、この野郎まで馬鹿にして」って踏んだくったらよ、また「久太」って言《ゆ》って、で、蛙が死んだずらなんてね。

（平成28年5月21日採録）

29　皆殺し半殺し

中谷　弘子（大原）

あのね、泊まっているときに「皆殺しにするか半殺しにするか」って言われて。そいで「殺されちゃ大変だ」って逃げ出そうとして、あれしたら。そしたらなに、皆殺しっていうのは餅のことで、半殺しっていうのは、ぼた餅のことだったたって。

（平成28年7月17日採録）

30　煮て食うか焼いて食うか

高氏　秩子（向島）

あのね、ある山の中にね、一軒家《いっけんや》がありましてね。ほいで、もうほんとに方々《ほうぼう》に家《うち》も、まあ暗くなってからだもんだから、お家《うち》も見えなくて。で、その旅人がね、迷っちゃったらしいんですよ。どっかこう道だか何《なん》かわかんないけど。それで、「困ったな、どうしよう」ったら、明かりが見えるんですって、こう暗い中に。だもんで、「あー、ここで一晩泊めてもらおうかなー」と思って。ほいで、トントンって叩いたら、中から、お爺さんとお婆さんが、もう古ーくなったお爺さんとお婆さんと、出てきて。「どうしましたか」って言《ゆ》ったら、「もうこういうわけで、もう道に迷ってあれだから、一夜泊めていただけませんか」って言《ゆ》って。そいで、「まあ何もないけども、どうぞ」って言《ゆ》って、中へ入れてもらって。

それからこの台所と襖《ふすま》と別れたとこの、こちらの部屋にいたらしいんですよ、その方《かた》。そしたら、お爺さんと「まあ、せっかく来たお客さんだから、もうめずらしくお客さんが来たから」って言《ゆ》って、台所で。「そうだ今日は何を作ってやろうかなあ」って言《ゆ》って。そいたら、

「そうだ、今日はいい獲物が来たね」って言《ゆ》って。言《ゆ》ったもんで自分のことかと思っちゃっただって、聞いててその人。そいで聞いてたら、「そうだ、これをどうしよう、その獲物をどうしようか」って言《ゆ》って、「ほうだね、これをどう切りおったらいいのかね」ってお婆さんと話《はなし》してて。ほいで、「じゃあこのあれは、頭を飛ばそうか、それとも、煮ようか、焼いて食おうか」って話を聞いとったらしいんですよね。もう怖くなってね、頭を飛ばされちゃうのか、それとも焼いてしまわれるのか、煮てしまわれるのかと思って。もう怖くて怖くてこうガタガタガタガタ震えたって。「ほんとにいい獲物だったね」って言《ゆ》って、話してたもんで。もうガタガタガタ震えてたら、それはね、魚がたまたま入って、それは魚の料理の話だったんだけど、っていうことだったんですよ。ものすごく震えちゃったって。

（平成28年8月9日採録）

31　茗荷《みょうが》の宿

守屋　百子（大里）

むかしの話だもんで旅籠《はたご》ですよね。旅籠へお客さんが泊まって。そのお客さんの身なりを見たら、ずいぶん立派だったたって。で、「この人なら、持ち物もいいし、服装もいいし、お金が取れるだろう」と。まあ、できれば持ち物をごっそりいただこうっていうようなつもりだったらしくて、茗荷をごちそうして、「もっとお食べよ、もっとお食べよ」って言《ゆ》って。

あくる日になったら、今度《こんだ》その、お代をいただくのを忘れたという話で。結局、お金は払わずに、行かれちゃったわけ。

（平成28年6月4日採録）

32 和尚と小僧（飴《あめ》は毒）

高氏　秩子（向島）

あのね、和尚《おしょう》さんのところに、小坊主がね、三人くらいいましてね。ほいで、和尚さんがね、壺の中に、飴をね、入れておいたんだけど。まあそれ坊主さんたち知ってたわけ。だけど「これは毒だからもう絶対に手を付けてもいけないし、開けてみてもいけない」って言《ゆ》って。こう、和尚さんが置いていったんだってね。

で、ある日ね、和尚さんがね、どこかへ用事をたしに出かけたらしいんだよね。そしたら、一人の小坊主がね、「飴だから、ちょっと開けてみたい。食べてみたい」って言《ゆ》ってね。それで三人だかでこう相談をして。「どうする、どうする」って言って。ほれで一人のね、何かちょっと頭のいい小坊主が、「じゃあ僕が開けてみる」っつって。ほいでこう開けたら、飴がね、いっぱい入ってた。そいでもう、こう皆でこう舐めたらおいしいでしょ。ほいですごーく、こう舐めたんだよね、三人で。こう舐めて。そしたらこう少なくなっちゃったわけよね、飴。減ってきたもんだから、ほいでもう慌てて閉めて。ほいでもうこうちゃんとやっといて。

で、和尚さんが帰ってきて。それで和尚さんがこう見たわけなんだよね。そしたら減っているし、飴が。「あー、おかしい。これ食べたじゃないか」って言《ゆ》われて。そしたらその頭のいい小坊主さんがね、「これは毒だって言《ゆ》ったから、ちょっと試してみようと思ってね、ほいで食べたが、ちっとも死なないっちゅうかね、食べても食べても死なない」って。「ほいだからもうほんとになくなるまでね、こうふうに食べてみた」って。そしたら和尚さん何も言《ゆ》えなかったたって。

（平成28年8月9日採録）

33　和尚と小僧（餅は仏さま）（一）

中谷　弘子（大原）

ぼた餅があって、祀ってあって。それをね、その小坊主さんが食べたいだけど、食べると和尚《おっ》さまに怒られるから、だから仏さまの口に、餡子《あんこ》をつけて。で、自分で食べて。ほいで和尚《おしょう》さまが来たときに「仏さまが食べた」って言《ゆ》ったら、そいたらね、あの鐘《かね》叩いて。鐘叩いたら「くわんくわんくわん」って言《ゆ》ったって。で、「食わん食わんって言《ゆ》ったじゃないか」って小坊主さんを責めたら、それからね、何を煮たっつったかよ、煮たら、「くったくったくったくった」音がしたもんで、「食った食ったって言《ゆ》ってるじゃないか」って和尚さんに言ったたって。

（平成28年7月17日採録）

34　和尚と小僧（餅は仏さま）（二）

守屋　百子（大里）

お寺さんで、お寺の和尚さまがお出かけになるときに、「留守居《るすい》を頼むよ」って出かけられたって。そいで、お寺の棚に、なんか祀《まつ》ってあったの。和尚さん帰ってみえたら、それが足りないって。「お前が食べたじゃないか」って小僧さんに聞いたって。ほいで小僧さんは「ほいじゃ仏さまに聞いてみるか」って言ったわけね。ほいで鐘《かね》をこう鳴らしたら、「くわーんくわーん」って音がしたで、「わしは、和尚さん、私は食べてない」って言《ゆ》って。そいで、「ほいじゃあ」っつって言《ゆ》って、ほいで側《そば》にあったお地蔵さんだかを、「これが食べたかもしれん」っていうわけで。で、釜《かま》に入れて茹でたら「くったくった」って言《ゆ》ったって。「それじゃあやっぱり地蔵さんが食べたんだ」っていう話になったたって。

（平成28年11月21日採録）

35 愚か話（どっこいしょ）

守屋　百子（大里）

息子さんにお遣《つか》いに出して。親戚の家《うち》だか、知り合いだかお遣いに出したら、そしたら、そこの家《うち》でおいしいもの出してくれたって。んで、「それは何《なん》ていうもんだ」って言《ゆ》って。「家帰《うち》って、おっ母《かあ》に作ってもらう」っつって。覚えてきたつもりで、いっしょうけんめい口の中で唱えてきた。で、川を渡ろうとして、「どっこいしょ」ってやったら、どっこいしょになっちゃって。「おっ母《かあ》、うまいものもらって食べたぞ。これを作ってくれ」って。「いったい何だ」っつったら、「どっこいしょだ」って言《ゆ》ったって。

（平成28年6月4日採録）

伝説

1 灰縄山《はいなわやま》

守屋　百子（大里）

なんかそれはねえ、農家だかなんかわからんけど、何かして捕らわれたみたいでね。ほいでその、殿さまだか大名だか知らんけどその人に捕らわれて。ほんで「どんなことしたら放してもらえるか」って言《ゆ》って。ほいたらその問いかけがあって、「灰で縄を作ってこい」って言われて。そうして、家《うち》帰って、「困った。お父《とっ》ちゃ、こんなわけだが、どうしたら良《よ》いずらね」って聞いたら、そしたらそのお父さんが、「ほんならこうやってみよ。あの、縄をなって、まず燃やして、そのままそっくり持ってって、『これでどうですか』って言《ゆ》ってみよ」って言われてやったたって。

そいで、その地名があるとかって。灰縄っていうところが。

（平成28年7月17日採録）

2　シシ岩とナガダレ岩

坂本　友一（大原）

昔、常光寺に行者がおって。その行者が、袂糞《たもとぐそ》、袂糞っつうと袂に溜まった埃《ほこり》。袂糞っつう、そういうのを投げたら、片方は、河内浦《こうちうれ》に落ちてシシ岩となった。で、もう片方を投げたら、今度はナガダレ岩になった。

それで、その岩が落ちてきたんで、そのとき丁度、秋の節句といって、お月見のときですね。その節句が、お祭りだったんですけど、大騒ぎになっちゃって。それからは、そのお節句っていうのは、そこ河内浦と押沢《おしざわ》っていうんですけど、押沢ではそのお祭りが、そこだけは、やらなくなった。

（平成28年6月19日採録）

3　ナガダレ岩の椀貸し伝説（一）

伊藤　幸太郎（向島）

資料館のちょっと手前にね、発電所の手前にナガダレ岩という大きな岩があるよ。その大きな岩に、まあ地形が変わってるんだけど、あの道路のない頃、今の道路がない頃でね、自動車が通ってない頃。あの独立した岩の、大きな岩がね、高さが一五メートルもあるような岩だったで。

で、その岩の川のそばにあるもんだから、その下にこの大きな淵があったじゃんね。水が流れとってこう、ぐるぐる回ってくるような。そこの淵へお願いをすると、こういう百姓の家《うち》でね、なんかお客さんが集まるような行事とかがあるときに、「お椀とかお膳とかをいくつ貸してください」って書いて置いとくと、あくる日だか行くと、ちゃんと揃えてあったと。で、それを借りてきて喜んで使って、「ありがとうございました」って返しとくと、またそれがなくなって。

ということで、あったんだけど、あるときに、その返すときの数が合わなかったって。少

向島のナガダレ岩

なかったってわけだよね。ほいたら、その、主《ぬし》って呼んでるんだけど、淵の主が怒っちゃって、それ以後はお願いしても貸してくれなくなったって。

（平成28年6月18日採録）

4　ナガダレ岩の椀貸し伝説（二）

鈴木　杉枝（神原）

長野県からくる大川《おおかわ》と長尾《なごう》の方からくる川と、やまみちさんの前でこう合流しているんですけど、そこから少し行ったところにナガダレ岩という岩がありました。それでね、そこにもうひとつ大きい高い岩と二つあったんですけど、その村の人がね、「明日お客を呼ばにゃならんけど、そのお客用のね、お膳とかお椀ね、椀物が足らない、困ったなあ」っていうときはね、そのナガダレ岩に行ってね、お願いするんです、前の日に。そうするとね、あくる日行ってみるとね、その人数分のお椀が揃ってて。それで村の人がね、そこに行ってはお願いして帰ってくる、使ったという話をね、ずーっと言い伝えになってきて。私も子どものころから聞いてるんですけど、それはね、誰がね、用意するんだろうとかね、もう不思議にね、思ってずーっときました。

（平成28年5月22日採録）

5　蛇《じん》ヶ《が》淵《ぶち》の河童《かっぱ》

坂本　友一（大原）

それこそ、昔は馬を使って田んぼをやったんですね。それでまあ田んぼ仕事も終わり、まあ馬も汚れてるんで、蛇ヶ淵行って、馬を洗ってやって。そいて、馬小屋まで帰ったって。そしたら、「馬鹿に馬が変だな」と思ったら、馬の尻尾に、その、河童が、かゎらんべですよね、河童。それがくっついてて。それを、叩いてしまって。そいて逃げてって。

それから今度、今まで「膳椀貸してくれ」って言うと、膳椀が出てきたんだけど、それからは、膳椀が、貸してくれんくなったって。

（平成28年7月17日採録）

6 砂子《しなご》の蛇聟《へびむこ》入り

竹中　あさゑ（西浦）

その昔、森下さんって家《うち》の前に大きな、この淵があっただって。川の淵ね。で、そこに大《だい》蛇《じゃ》ってか、蛇《へび》が住んでいて。で、今度は、何かがあると御馳走を持ってね、家《うち》の人がよ。こやって、持ってて置くとそれを持ってってって食べるだ。

それでそのうちに親しくなったんだね、きっとね。ほんだもんでその娘さんを「嫁にほしい」って。でも、男の人ならいいだがね、大蛇じゃ。そいだもんで、家《うち》の衆はねえ、考えたけど悲しくなってよ。焼石をね、その川の淵へ持ってって、お膳の中入れて持ってった。そいたら、きっとね、蛇がそれで亡くなっただね。

で、それが後《あと》まで残って、そんで現在でもよ、その蛇をきっとね、地蔵様《じぞうさ》か何かあると思うだけど、それをお祀りしてあるだって。ずっとその屋敷で大切にしてるだね。ほんでその大蛇が生きてるうちはすごい栄えたんだって、その家《うち》がね。で、だんだん衰えていってよ。

（平成28年12月11日採録）

7　西浦《にしうれ》の蛇聟《へびむこ》入り

伊藤　幸太郎（向島）

西浦行くと、夜な夜な来る若い衆がおって。娘のところへ。ほで、「どうもおかしい」っつうって。その娘の親かなんだかが教えてやって。糸を、どっから来るかわからんもんでね、糸をこうどっか着物の中へ、こう通《とお》いて結んで、そんで帰《かや》いたら、明《あ》くる朝んなってから、糸をさ、こう辿って行ったら、川ん中に行ったとか。それは、いわゆる蛇《じゃ》。水の中だから蛇《じゃ》だよね。

（平成28年6月18日採録）

8　盥《たらい》に乗った女（鳴瀬《なるせ》の大蛇）

鎌倉　光子（大里）

それこそ綺麗な仲の良いご夫婦がここらへんにいらっしゃって。で、その、ちょっと大雨なのにね、子どもさんがいるので、お洗濯に。「今日は危ないでやめた方がいい」っちゅったんだけど、その日に限って、ちっともね、言《ゆ》うこと聞かないでというかね。綺麗な奥さんがお洗濯に行ったら案の定雨が降ってきてね、水かさが増しちゃって。それで、盥へ乗って帰ろうと思っただけど、そのまま流されちゃったって。

んで、結局子どもさんがいるもんでね、子どもさんが泣いてしょうがなかったら、お父さん夢枕に立ってね。ほんで、「今はね、あっちの方にいるけども、鏡と櫛が欲しいから持ってきて」っちゅったとかってね。それで鳴瀬《なるせ》の淵っていう所へ持って行ったらね。そしたら、淵って昔すごい大きい淵だったんだけど、そこが渦巻きが出てきて、そのうちに綺麗な奥さんが出てきて。ほいで、鏡貰っていろいろ話《はなし》して、そのまま、その別れの時がきて帰ることになってね。そしたら「私の後姿は絶対見ないでください」っちゅったんだってね。だけど

盥に乗って流された女の伝説を伝える水窪川の弁天島

ついね、心配だから見ちゃった。そしたら蛇《じゃ》になってたっていうことでね。で、言《ゆ》うにはそこの蛇《じゃ》の、淵の竜の奥さんにされちゃったんだとかって。

（平成28年6月4日採録）

9　流された女（鳴瀬《なるせ》の大蛇）

小塩野　米二（神原）

ここにね、川にね、十三波《じゅうさんなみ》と言《ゆ》うね、波が立って。それが十三ぐらいあったっつう、波があって。そこへ、よく皆《みんな》、洗濯《せんだく》に行ったです。で、そこから、ある日ねえ、女の人がそこへ行って、で、流されたです。

で、その人がねえ、流されて。ほいて今は山香《やまか》っちゅうとこね。山香のね、向こうに大《おお》輪《わ》っていうとこにね、鳴瀬という、淵があります。で、そのときにねえ、亭主がね、その話を聞いてね。で、会いに出かけたです、鳴瀬へ。鳴瀬へ出かけたら、そしたら、その人がね、鳴瀬の淵から出てきてね。で、いろいろ話はして、で、「帰る姿を見るじゃない」ということで。それで亭主は切なくてね。で、ちょっと振り返ったのね。ほいたら大きな蛇《じゃ》になって、ほいて、淵へ入るとこだということで、そんなね、話があります。

（平成28年7月2日採録）

10

小畑《おばた》の奥山観音

小畑の奥山家屋敷とその裏山に祀られる観音堂

坂本　友一（大原）

押沢《おしざわ》の安藤家に、善住寺の和尚さんが、お年忌《ねんき》に行くって、そってお供を連れて行くとき、その隣、あの、ナガダレ岩で何か光るものを見て。それを拾い上げてみると、金《きん》の仏さまだった。金の仏さま。そして、それを持って帰って。ほて、持って帰っただけど、「あんまりこんな立派なもんだ」っつうことで、お寺で。「今度《こんだ》、これ何処《どっ》かで祀っていただける所はないか」っつって。そこの大地主だった奥山家に預けて、ほて、奥山家でお祀りしてもらった。

（平成28年6月19日採録）

11

向市場《むかいちば》の道祖神

向市場の道祖神

鈴木　かね子（大里）

私が誰かに聞いた話は、あの、美人と美男子の兄妹《きょうだい》がおって。兄妹《きょうだい》がおって、まあ、旅に出て。それぞれ探しに行ったら、「妹ほど綺麗な人がおらなんだ」って言《ゆ》うし、兄さんは。妹は妹で「兄さんほど、いい男に見つからなんだ」って。結局戻ってきて、また二人であそこにおっただかって。あそこに祀られてるって。

（平成28年6月4日採録）

12　向市場《むかいちば》の治郎兵衛《じろべえ》さま

坂本　巖（小畑）

その治郎兵衛さまは、ふたり兄妹《きょうだい》おって、美男と美女だったらしいよ、話じゃ。すごく。それで、別れててんでに、「いい嫁さん、いい婿さんを探す」っつって、別れて旅に出たらしいだよ。で、何年経っても「妹より美人が出てこんだ」とかよ、「兄貴より美男子が出てこんだ」っつって、「こりゃだめこりゃだめで」っていううちに、こうまわってまわって出会っただって。その、また二人が。「向こうから美女が来た」「美男が来た」で。「この人ならいい」「この男の人ならいい」っちて、一緒になったら兄妹だった。

（平成28年7月17日採録）

13 赤子淵《あかごぶち》と池の平の血萱《ちがや》

小塩野　米二（神原）

昔、年代はちょっとわからんがね、信州の遠山に土佐守《とさのかみ》という城主があって。それで、この高根城、あそこには久頭合民部守《くづごうみんぶのかみ》という、あそこの城を守るそれがあって。で、その人がここで戦いをやった。そのときに、久頭合の、ここの高根城は落城してまって。そのときに奥さんが、そのおくわ様が子どもを連れて、ほいて、逃げ出したと。

で、そのときに子どもを、小さい子どもを手を引《ひ》って、それからもう一人は、おんぶして。それで逃げたということで。下には水窪川がありますね、あそこの川を渡ろうとして。たら、どうかしてその、子どもを、放してまって。放してまって、今でもあそこに赤子淵という淵がありますがね、そこへ流してしまったという。

で、逃げて、逃げて、ほいでその人は、信州の方へ行こうとして。それで子どもをおぶって。それで、この街道、街道っちゅうかね、道を、登ったです。登って、池の平まで登ったです。で、池の平へ登ったときに、この町内《まちない》が、奥山村かね、今の水窪、あそこで遠山の軍勢が攻めてきてね。ほれで、「どっちへその奥さんが逃げたか」って言《ゆ》ったら、そこの人がね、あの、なんちゅうか躊躇《ちゅうちょ》してね。ほいで、「こっちへ逃げた」って、指を指いたら、その指があとあと腐っちまってね。

たら、その奥方は、背負ってって逃げて、池の平、あそこまで逃げて。ほいて薄《すすき》野原へ隠れておったら、おんぶしていた赤子が泣いちゃって。それで、そこで斬り殺されたという。で、そこに今でもちょっとしたね、祀ったね、あれがありますがね。で、そのうちね、そこへ薄が生《は》えると、ほうと薄の葉がね、なんつったか、ちょっと赤い色した薄になってね。今でもあるということで、血の色だ。

（平成28年7月2日採録）

おくわ様の伝説を伝える高根城（久頭合城）

水窪川の赤子淵

14　赤子淵《あかんぶち》と池の平の祠《ほこら》

鎌倉　光子（神原）

おくわ様はね、それこそ、あの久頭合城《くづごうじょう》っちゅうとこね、城があるんだけど、そこで暮らしてたんですよね。で、平和に暮らしてたら、そしたら、そのご兄弟っていう話だね、その人が謀反を起こして、それで攻めてくるので、それで、ご主人さまはそこで戦うので、嫁さんと子どもたちは遠山まで逃げるっていうことで。それが、途中でその赤子淵で子ども一人ね、歩けん子は捨てたというか、波にさらわれたっつったよね。

それで、山越えで行ったんだけど、その池の平まで行ったら、隠れてたんだけど、子どもが泣いたもんでね、それで、捕まって殺されちゃったって。で、なんか言うにはそのお社を建ててあるんだけどね、その社がいくら元の方に向けても必ず久頭合城の方へ、いつの間にか変わっているって。

（平成28年6月19日採録）

15 正麿《まさまろ》さま（一）

坂本　巖（小畑）

京都の公家《くげ》ってつって、そっから来た人が、正麿さまっつたって。ここ奥山村だったたっだね、奥山親戚って。で、ここが、頭の中、薄かっただが、髭がはえててね、なかなか立派だったが。あっちいってしまい、こっちいってしまい、うちの隣も奥山さんだが、あそこにもおっただが。

で、その話はよ、うちの親父がよく知ってるけど、有名な話だねえ。ほれで、最期に死んだもんで、俺《おら》の親父やそれと、ヤジさんかなにかが、火葬にしたってね。それで「早く焼けやがれ」って、ヤジさんこさえたらしいよねえ、それを。ほいたら、何《なん》でか知らんが、ぐぅーっと起きてきてねえ。まだ半分焼け、ほいで山住さまのほう向いて。俺の親父が「これは本当だ」って。

（平成28年6月19日採録）

16　正麿《まさまろ》さま（二）

坂本　友一（大原）

正麿さまっていうと、京都の公家から、山住家に養子に来たっていうことですけど。京都の、その正麿さまを貰いに行ったときは、立派な人が出てきて。そで今度実際にもらい行ったとき、来た人はちょっと違う人、変わって違う人がついて来たっていうことです。

この人は山住家に来て正麿として名乗って、祈祷師として、あっちこっち、そういう山の獣の中を追うような、猪を追ったりとか、そういうような祈祷をしたり、病人がおるとそういうとこの人を祈祷をしたり、そういう仕事をしてたっていうことです。

そこで、亡くなったのは、城西《しろにし》の佐久間町の奥山家で、あそこで亡くなったというようなことを言ってたんですけど。そいで葬式は、小畑っていうと新屋《しんや》っつって、奥山ですけど、そこで葬式を挙げてます。そのときは、それこそ皆、焼いたりなんだりして、火葬にするときなんか皆立ち会って。あの、坂本巌さんが言《ゆ》ってた、あの人の親父さんなんか見てたときなんか、なかなか焼けないので叩いたら、ぐっと起きて、それから焼けたっていう、そういう話も聞いているんです。

（平成28年7月17日採録）

山住神社の摂社・正麿大神の祠

小畑の観音堂の傍らに祀られる正麿霊神の霊祠

17　斎輔《さいすけ》さま（一）

坂本　友一（大原）

斎輔さまっつと、時原《ときはら》っていうところで、昔はそこに、二軒のね、医者があった。そで片方は大《おお》坪《つぼ》っつって、そこにおって。そいてもう一人斎輔っていうのは高松《たかまつ》だね、高松斎輔さん。その人がまだ若いもんで、それこそ、それも妬《ねた》みなんですけど。その下へ、「正月のお年始に行ってくる」って。かならず俺がこれで毒を盛られるっていうこと、はえ分かっていて。「俺がもし、そこであれだったら」「俺がここにおらんくなれば、西の空に五色の雲が出る。そしたら俺を呼んでくれれば、いつでも降りてきて皆の助けになる」っ

時原に残る斎輔霊神の祠

てことで、ほで、その正月の挨拶に下の家《うち》へ、お医者さんに行ったたっていう。で、そこで毒を盛られたことがすぐにわかったんで、すぐ来て、毒消しを飲んだけど、それで助からなんだって。

それから、それを神さまとしてお祀りして。そいで今度その人、祢宜さまが呼び寄せると、そーすっと、薬草、採《と》り草《くさ》っつうんですけど、「この人はどこが悪い」って。それで草を教えてくれて、それを飲んで、皆にそうやって皆に人助けしてるっていうことです。

（平成28年7月17日採録）

18　斎輔《さいすけ》さま（二）

鎌倉　光子（大里）

針間野《はりまの》っていう所にはね、すごい斎輔さまっていうね、すごいお医者さんがいただよね。で、もう一人のお医者さんがおって、そのお医者さんがね、やきもち妬《や》いて、斎輔さまに毒くれたんだってよね。

ほいで、斎輔さまは死んじゃっただけど、その人を祀っといてね、つい最近までね「斎輔さま、斎輔さま」っちゅってね。うちのこの人の旦那なんかもね、病気がなかなか治らないとそこ行って診てもらうの。そうするとね、お薬ね、薬草なんだけど、それこそ何、「ドクダミ、百草に何とか」ってこう、お薬、十種類くらい言《ゆ》うわけね。「それを煎じて飲めよ」って言《ゆ》うわけ。でね、大体ね、二種類《ふたしゅるい》くらいが探してもどうしても探さにゃないだっちゅうけどね。それをやって飲むとわりあい治るだに。

（平成28年6月4日採録）

19　大工《だいく》の五郎八《ごろはち》

高木　晟（長尾）

昔の言い伝えつかな、そういうことだとね、飛騨の高山の、まあ甚五郎《じんごろう》さんだと思うだけど、その言い伝えつか伝説だだもんでね。ほんで、ちょうど渡り渡ってこの、神社とかそういうの、彫り物をしながらここへたどり着いて。そこの娘さんと、ここ来て、大工さんや彫り物やって渡って歩いてるうちに、よくなったんだと思うよ。まあ多分、恋に落ちたと思うんだよ。ほで、おせんっていうだけど。ほいで、子どもできて、それが五郎八さん。

で、その五郎八大工っつってね、まあ有名な、その五郎八さんができて。ちょうどそのころ京都の三十三間堂が、よろんだっつうことで。傾いたっつことで。それで、そのころどういうあれで来たのか、どういう伝達できたのかね、ここへ頼みに来たわけだ。「起こしてくれ」てって。「直してくれ」っつって。ほして、お籠《かご》で、お籠をもって、ここまで来て。お籠で京都まで行って、そのよろびを起こしてきて。そのときに、楔《くさび》一本持って行ったっつうだよ。その秘密だもんでね、どういう手法で起こしたかわからんけど。ほで、つうわけで、

長尾の蛇ヶ淵の岸に祀られる五郎八の碑

またお籠で帰ってきて。
　ほで、ここでみんなにね、やっぱり。その頃どうあったか知らんが、伝説では、あそこで、みんなで、まあ、なんつうだな、あの、腕をね…。やっぱり、なんて言ったらいいのかなあ。あんまりなこと言えないもんで。言えないもんでね、あれだけど。そこで、まあ、祀られて。

（平成28年7月16日採録）

20　臼《うす》ヶ《が》森《もり》のおいいの藤

小塩野　米二（神原）

臼ヶ森にねえ、おいいのというね、嫁さんがおって。それで、その人に、古亭主《こていしゅ》と亭主とそれから、そのお母さん。お母さん夫婦と四人で暮らしておったよね。ほいて、あるときに、亭主がね、秋葉《あきわ》神社へね、代参《だいさん》で、ほいて出かけたということで。ったらそれを狙って、若い人達が、ここらで言う、なんちゅかな、亭主の留守に、あの、ここらでね、方言で夜這《よば》いっていうやつね。夜這い。夜這いに入った。で、鏡を持って、ほいて「町へ出ておまえのために買ってきたぞ」ということで。で、そういう嘘を言って、ほって一緒にな、一緒に寝たということで。

ほで、そしたら、それでその嫁さんは、朝ちいと朝早く起きるだったが、ほんだが、そういうことでぐっすり寝ちまって。で、そこの姑に朝怒られて。ほいて、はたと思って起きて、その懐の中、懐の鏡を見たら、そいたら買ってみたものじゃなくて、それが鉄瓶の蓋だって。で、その夜這いに入るときに鉄瓶の蓋を包んで、そしてそれを「おまえのために買ってきたその鏡だ」ということで、嘘を言《ゆ》って。ほいたら、それをしまって、ちゃんとしまって、ほで寝たということ。そしたら、それは朝起きてみたら鉄瓶の蓋だったたってね。

で、ほいてどうもそれから、しばらくして、したら身ごもっただって、その人が。身ごもって。ほいて、近所の人に、それは言わなしに。お付き合いがあんまりなかったもんで、言わなしに。昔はあの今の道路じゃなくて、上に道があってね。ほいて山住までのね、道があって。で、そこでうろうろしてたら、ほいたら下へくだったほうがええということで、ほいて下へくだって。下へくだって、川の近くに。で、その平らなとこで、ほいて、泣いて泣いて、三日三晩泣いて泣いて、そこで死んじまったという。で、そこの神さまはそういうふうなことがあるもんで、村の衆が祀って、で、おいの藤の一番高いとこに、お宮を作って祀ってあるという。

（平成28年7月2日採録）

21 小畑《おばだ》の愛宕《あたご》さま

坂本 友一（大原）

あるところのお屋敷で、何かその、行者さんみたいな人が来て。それで、そこに手伝いの下働きしてる人が「今、こういう人が来たけどどうしますか」ったら、「ふん、ほんな、どういうことか聞いてこい」って言ったって。ほいで「聞いてこい」と「斬ってこい」と間違って、それは。追っかけて行って斬ってしまったって。「聞いてこい」と「斬ってこい」と間違っちゃって、斬ってしまったんだって。それは、「悪いことした」ちゅうことで。ほて、その人、家《うち》帰って懇《ねんご》ろにお祀りして。その背負《しょ》っていた愛宕さまを、そやってお堂を建てて、それをお祀りして、今でもお祀りしているって。

（平成28年6月19日採録）

22　芋死霊《いもしりょう》

竹中　菊男（西浦）

その芋死霊っちゅうんは、一人《ひとり》もんの人が、山へ入って芋を作ったわけよね。ほで、もうじき採れるってときに、他所《よそ》のなんか行って、芋を盗んで掘っちゃったというわけ。それで悲しいもんだで、ずっと里へ下りてきて、ほいで泣き叫んだというわけよ。芋を盗まれたというわけで。悲しさがあったもんだで。あれだら、それこそ恨んで。それはまあ死んだあと、霊魂で障《さわ》ったとか。村の衆にあたったとか何《なん》とかとあれだら。それこそ、せっかく作って盗《と》られちゃってよ。ああ、困っちゃったもんだで。その人が泣き叫んで。

この上だがね。この上の、ずっと上の方で芋を作ったわけよ。今でも芋死霊《いもしりょう》だなんつって、そこにその人を、死霊になって祀ってあるだら。

（平成28年7月2日採録）

23　徳川家康と桶屋《おけや》

坂本　巖（小畑）

桶屋さんが、桶をやってたら、そしたら家康が逃げてきて。ほいで「隠いてくれ」っつったら桶屋が隠いただね。桶の中入れて。ほいて桶を逆さにしてやりゃ、叩きゃ箍《たが》が閉まってくるもんで、水が漏れんなるら。で、足で巻いちゃね、ぱかんって巻いちゃあ、ぱたんと閉めてくるら。そこへ敵が通ったと。そん中隠れてた。

そして今度《こんだ》「褒美《ほうび》やる」っつって、「桶屋、何がいい。これからやってもらいたい」っつったら、「次の現場、次の家《うち》まで、道具を運んでくれ」って言《ゆ》ったってね。

（平成28年7月17日採録）

世間話

1

山住山《やまずみやま》の天狗《てんぐ》

鈴木　みよ子（向島）

山住さまの上に出るとか言《ゆ》ったがねえ、天狗が。何もせんだって。木を揺するだけだって。それは祢宜《ねぎ》さまが言《ゆ》ったがね。祢宜さま一人で泊まっていて、ほいで、道に迷っていたら、木をいのかしてねえ、道を教えてくれたって。だもんで、「天狗じゃないかな」って祢宜さまが言《ゆ》ってたよ。「教えてくれた」って。

（平成28年7月16日採録）

2　山住さまの犬

伊藤　幸太郎（向島）

畑梨《はたなし》という地域の人たちが、ご年始の挨拶だったな、正月の。で、山住家の家《うち》へ挨拶に来て。ほで、まあ歓待を受けて、接待を受けているうちに時間がたって、帰りが遅くなったと。もちろん提灯《ちょうちん》は持ってきたと思うけど。と、今から帰ると夜道になっちゃうからということで、山住家で「それではうちの犬をお供につけてやるよ」って言ってくれたと。その犬というのが、山住神社のお使いになってる山犬王《やまいぬおう》だと思う。だから「お供につけてやるよ」っつうわけで。

ほで、しばらくその帰り道を山の中腹を歩いて帰ってきたときに、やっぱ夜が暮れたと。暗くなっちゃったと。ほでまあ、提灯かなにか明かりつけてっていうときに、後ろのほうで、離れたとこでこそこそ音がするわけで。「ああ、これは山住さまのお使いの犬がついてるな」ということで、まあ気丈になって歩いてきて。で、やっと自分の家《うち》が見えるあたりまで来たときに、「まあここまで来《く》ら大丈夫だから帰っていいよ」って言《ゆ》ったら、その音がだんだんだんと遠ざかっていったと。ほいで無事自分の家《うち》へ着いたと。

(平成28年6月18日採録)

山住神社

山住峠のふもと河内浦の山住家

3　稲荷さまの霊験

中谷　弘子（大原）

稲荷さまってねえ、無くなったものをお願いすると、あの、願掛けって言うじゃんね。と、出してくれるっていう話があって。無くなったものがあったとき、お稲荷さまに願掛けると無くなったものが出てくるって話を聞いて。

私の長男がね、部活で野球をやっていて、グローブが無くなったんですよ。で、そのグローブが自分のならいいんだけど、先輩のグローブ預かってて。無くなったもんだから、青い顔になって、夜、電気つけて探しに行ったんですよ。で、無くて。また朝早く、もうグランド中、そこの、探したんだけど無くて。で、「これは」と思って、あそこのお寺の稲荷さんに願掛けに行ったんです、私。そしたら二、三日したらグローブ置いてあって。

で、息子が、先輩怖い。先輩怖いよねえ、自分の。で、もう半べそ。泣きそうだったもんで、だもんで「新しくグローブを買ってもらえ」って言《ゆ》って。で、お金を渡したんですよ。そしたら二、三日したら出てきて。で、使ってたグローブだから、先輩がもう本当《ほんと》に飛び上がって喜んで。で、「お母さんお母さん、グローブ出てきた」って言《ゆ》って。「よかったねえ」っていうことで。で、さっそく油揚《あぶらげ》買って、「ありがとうございました。グローブが出てきました」って。「ありがとうございました」ってお礼に行ったんだけど。そんな話。

（平成28年8月9日採録）

4　不動さまの霊験

守屋　千づる（西浦）

あのねえ、私、若いときだったもんでネックレスをしてたら、オニキスのネックレスですごい気に入ってたの。それで、なくなっちゃったもんで悲しいもんで。ほいだもんで「不動さま行って拝め」って言うもんで。ほで「とにかく出してください」って言《ゆ》ったらね、とんでもないとこから出てきたの。ごみ捨て場みたいなところで。なんとなく掘る気になってね。掘ったらねえ、備中《びっちゅう》の先へね、ネックレスが付いてきたのよ。大体そんなとこを探すっちゅうほうがおかしいよね。普通家《うち》ん中を探すと思うんだけど、備中を持ってね、自分でだよ。ほいで掘ったら本当《ほんと》に出てきて。ほいで「出てきたなぁ」と思って、それでお母さんが「そりゃよかった」っちて言《ゆ》って、「赤い紙を持ってお礼参りに行けよ」って言《ゆ》うもんで、行ったんだけど、行ったとこが違うとこだった。そうしたらもうどっかへ行っちゃって。もう、あれから三十年。もう出てきません。

（平成28年5月21日採録）

5

西浦《にしうれ》の田楽の不思議（六月の雪）（一）

西浦の観音堂で催される田楽

竹中　菊男（西浦）

ここのその田楽の、あの祭りが、服喪《ぶこ》があってよ。それから、それをやらなしおって。普通、毎年正月の十八、十九、旧暦でやることになってるが、それが不幸があってやれなんだもんで、六月にやったら、ほうしたら、それこそ尾根へ雪が降ったとかよ。赤い雪が降ったとか、なんとかってこともあった。

あれ、神主だかな、三代前だかのおじいさんの神主がそう言《ゆ》って、話されたことがある。

（平成28年5月21日採録）

6　西浦《にしうれ》の田楽の不思議（六月の雪）（二）

西浦の観音堂で催される田楽

小塩　勉（西浦）

観音さまのお祭りに、それが、チフスだかなんか流行《はや》って、流行りのね。お祭りができなくなるで、六月にやったが。そったら、六月に雪が降ったって。それからここは正月十八日だっけな、お祭りあるじゃん。いまだにそれは守ってる。

（平成28年5月21日採録）

7　狐に化かされた話（一）

鈴木　みよ子（向島）

昔、私のおじさんがねえ、あの高等学校歩いてる頃によ。弟が病気でね、佐久間町の城西《しろにし》に鈴木病院ってあるよ。今でもあるかしらんが、先生おらんら。そこへ寄ってよ、薬を貰ってよ、弟の。ほいで山越えて学校行ってよ。行かななららなんだもんで。山道でね、日が暮れてよ。ほいで、道だけはわかるもんで歩いてったって。ほいたら前から綺麗な勝山《かつやま》結った女の人に出会ってよ。下駄《げた》履いてよ、それが。山の中でだに。ほいで、その後《あと》をこやって振り向いたらおらなんだってよ。それで家《うち》へ帰ってきてよ、苦しがって苦しがってね。それで目が開いて、目が開いたら、家だったたって。化かされたよね、狐か何《なん》かに。

（平成28年6月18日採録）

8　狐に化かされた話（二）

鈴木　みよ子（向島）

相月《あいづき》の○○さんっていうとこに、おじいさんとおばあさんとおってね。そいで山へ、豆とか小豆とか作ってたもんでよ、そこへ行って。そったら、泊りで行ってただって。ほんで、食べ物なくなったもんで、おじいさんは降りて、おばあさんだけ残っててよ。それで夜になっても来《こ》んもんで、はえ、おばあさんは山へ寝ただって。そいたら、夜中におじいさんが帰って来たってよ。ほいで物も言《ゆ》わんだってよ。そいで、「よく早く来たかいえ」って言《ゆ》っても、返事もしんだってよ。それでねえ、朝起きたら、それこそ毛だらけだったたって。おじいさんじゃなかったって。んで、おじいさんは朝帰って来たって、登って。おじいさんに化けたよ。そんなこともあったね。

（平成28年6月18日採録）

9　狐に化かされた話（三）

前島　しげ（神原）

帰ってくる途中にね、それこそお遣いに行った帰りによ、狐に化かされたのか、よその道に行っちゃってね。なかなか帰れなくてよ。くるくるくるくる回っとったって。

実際にあっただね。実際に本当になかなか帰れなくてね。夜中までこう歩いたっちゅーね。

（平成28年5月22日採録）

10　狐火

鎌倉　光子（大里）

山へね、まだ夜中っていうか、明け方行くとね、あの、火を焚いてるんだってね。だで、そこまで行くと火が何《なん》にもないんだって。また見ると向こうで焚いてる。だで、「それは狐火だったかなー」って。狐が火を焚くんだって。

（平成28年6月4日採録）

11　天狗に攫《さら》われた話

坂本　友一（大原）

どっか行ってしまって。それこそ一月間《ひとつきかん》探したって。どっこにも、どこ探して、みんな人呼んで探したんですけど、どこもおらなくて。そしたら、ひょっこり出てきた。飯田のほうからひょっこり出てきたってつうわね。「天狗に攫われて、どっか行っちゃった」って、大騒ぎしたことありますね。「おまえっとこのおじさんはな、天狗に攫われて」って、そういう話。

（平成28年6月19日採録）

12　乞食岩《こじきいわ》のお歯黒婆《はぐろばあ》

山下　博之（大里）

その乞食岩ちゅう岩がある。なんで岩っちゅうと、山にでかい岩がこう二つ重なって、こんな具合に。ほでこの間がね、空いてるのがあって、実際にこの部屋ぐらいの、おおげさに言えば。ちょうど前ねえ、石と石がこう重なったとこがあって。

湯場《ゆば》っていう場所と、ほれから瀬戸尻《せとじり》っていう場所があって。瀬戸尻っていう集落と、ほっから湯場っていう集落があって、そのちょうど中間頃にその乞食岩ちゅう岩があって。

ほでその瀬戸尻っていうとこのお爺さんが、ここ行ったら、この岩の中でとこでね、お歯黒っつって、お婆さんが歯へ黒いのだか塗ってるとこ出くわしたって。ほでその行ったお爺さんの名前がさー、なんとかって名前だったけどね。これが、お爺さんによ、「おじさんこれ、歯が着いたかな」って、こう言うと、「ああ着いたよ。綺麗に着いたで」って言うと、ほれからまたやってて、「どうだ、今度《こんだ》着いたか」っつで、「はあ着いたで、綺麗に着いたよ」って言《ゆ》っても、そのうちにね、じりんじりん寄ってくるだって。そのお婆さんが、お爺さんのとこへ。ほれから、もいっぺんこう寄っちゃあすぐそばへ寄ってくるもんで、お爺さん怖くなって、後ろへ後ろへ下がったら、今度《こんだ》山の下へ落ちちゃっただって。ほしたら下に道があって。ハって気が付いたら、確か、その岩のとこで、火を起こしてお婆さんがお歯黒を塗ってたって。だけどそれはなかったって。転がって落ちてひょっと見たら、それはなかったって。

（平成28年7月16日採録）

13　蛇の祟り

鎌倉　光子（大里）

蛇って言えばね、うちの近所だったけどね、それは本当だっちゅう話だけどね。あの奥さんね、蛇がね、蛇がすごくとぐろを巻いて、遊んでるだってね。その下で卵《たまご》があって。卵って言《ゆ》ったと思うよ。ほいでそれ見ただけどね。で、それを本当は言《ゆ》っちゃいかん、言わなしいると百万長者になれるんだってね。それだけどそんなの不思議で不思議でしょうがないじゃんね。で、それをね、誰かに言《ゆ》ったんだって。そしたらそこんとこ、えらい不幸続きでね。

そういうの、よく言《ゆ》うよ。蛇がね、昼寝するんだってね。蛇がね、魂をどっか置いといて。昼寝っていうか遊ぶだって。すごく、卵《たま》が下にたくさんあってね、上でこう遊んでるの見ただって。それが不思議で不思議でしょうがないもんで、ほいだもんで誰かに言《ゆ》っただって。ほいであれからすごく不幸続きだったよね。

（平成28年5月22日採録）

14　行商人を騙《だま》した報い

小塩　勉（西浦）

これは新しい話だけどね、わりと。行商が来て、ほうして物を買ったって、そこに行って。そしたら、お釣りを出しただって。お釣りを貰おうたったら、ほったら「俺は百両も金《かね》を渡したで、そのお釣りをくれ」って。結局は両方盗られただかよ。そったら、うちのおばあさんの話だったがよ。何年ぐらい経って、来てね。「あそこの家《うち》は何か変わったことはないか」って。そしたら、婿《むこ》さんが馬に蹴られて目が片方潰れたって。

（平成28年5月21日採録）

15　城西《しろにし》の松の木の祟り

小塩　勉（西浦）

あれ、城西の人に聞いただら。一本松、二本松だったかな。それがあって、それを七人で伐《き》っただよ、大きい木を。んで、それをいかだで流していっただよね。そしたら赤い蛇が頭をたっていたもんで、怖くなって逃げたと。それでその木がどこに行ったか分からんと。それで伐った衆は全部天竜川に飛びこんで亡くなったたって。

（平成28年7月2日採録）

16　斧入《よきい》れず山

小塩　勉（西浦）

斧入れずっていう山があっただよ。そこに「伐《き》っちゃいかん」って皆《みんな》言ったけど、いい木だもんでね。「こんないい木は伐らにゃもったいない」っつって、斧を一振り入れたって。ほいたらクラクラっとしたもんで「いやいやこれはしょうがない」って一服しようと思って行ったら、自分の犬が唸《うな》りだして。ほいて丸くなって逃げたって。そんで「自分の犬が逃げたじゃおかしい」って言《ゆ》ってね。犬が顔見たら唸って、鎖ちぎって逃げたって。家来《うち》たって。それでその人も怖くなってさ、それで降りてきたって。だで、皆「本当だか」って言って。行ってみりゃ、その斧入れた跡がそのまま残っとるで。

（平成28年7月2日採録）

17　罰山《ばちやま》（一）

坂本　友一（大原）

焼き畑で、それこそ家族で焼き畑やってて。それで子どもを寝かして、夫婦で焼き畑出て。そしたら、ギャーギャー泣くんで帰ってみると、猫に、赤子がやられてね。それで、それを叩き殺してやったら、それ罰があたって。そこんとこを罰山って。そして、あとそこを祟りの跡だって。罰があたるってことで。

（平成28年6月19日採録）

18　罰山《ばちやま》（二）

竹中　菊男（西浦）

やっぱりよ、昔、怪我して死んだとかの人が元でよ。ほれで、後《あと》から行った人がよ、木を伐《き》りゃやられたりなんだりしたもんでよ。「あそこは罰山だ」とかよ。ほれで、「あそこは絶対伐んな」と言われる。「後《あと》から祟りがくるで怖いぞ」って言うと。ほんなもんだで、山はね、植林してもよ、この罰山っていうところは、昔から木を植えたまんまでよ。ほで俺が「斧入《よき》れず、斧入《よき》れず」って言うがよ。「鉞《まさかり》持って向かうな」と言われてて。ほんで「そこは罰山だで入ると、後《あと》から祟るぞ」っつって。

（平成28年5月21日採録）

19 猫罰山《ねこばちやま》

伊藤　松雄（西浦）

そこでね、ある人がさ、猫をね、猫を木吊《っ》るして。その猫が木吊るしてあるのは、殺して木吊るしたわけじゃないもんでね。まあ死ぬまで相当の時間がかかっただろう。苦しんで。ほいでね、そこでその山は、猫罰山って名前をとったわけ。猫を苦しめて殺したもんで、猫罰山。今でもその猫罰山って名が残ってる。向島だね、そりゃ。

向島の、あれ、山頂だね、猫罰山。こりゃ有名だに。猫をね、木吊るしてよ。ほいで苦しめてやった。ほいでその人は帰ったわけだがの。ほいだらその猫の罰がよ、そこらの人に障《さわ》るっていうかの、まあ因縁《いんねん》だよの、猫の。そんでその山は猫罰山っていう名をとって。そういう名がとるとね、その山は嫌われるだいの。罰山だったわけよ。そこ行くと結局人が、何か病気になるとか災難があったとかね。

（平成28年7月17日採録）

20　憎とくだしょう

鎌倉　光子（大里）

昔はね、お嫁さんにね、お嫁さんの荷物に憑《つ》いてくんだって、乗ってかって。だから、縁組ができなかったよね。

それが、はじめは何だって言《ゆ》ったかね、何か貧乏なお家へ、坊主が来てね。それで「ここはえらい貧乏だで、俺が福の神置いてってやる」って言《ゆ》って置いてったとかって。それがはじまりだっていうね。だからそれをね、それを祀ってあげてね、ご馳走、それにすごくあげれば、栄えさせてくれるんだって。それをね、食べるもの惜しんだりさ、美味しいものあげなかったりするとそこら歩いちゃってって言《ゆ》ってたね。

（平成28年5月22日採録）

言い伝え

1　池の平

中谷　弘子（大原）

あのねえ、池の平には七年に一回水が溜まるちょうぞうって。その水が溜まる前になあ、綺麗な蛇が二匹出てきてな。そのうちに地面からじわっじわっと水が沸いてきて、池になるちょうばいや。それがなあ、溜まった水は綺麗に澄んでいて、落ち葉も浮いてこんちょうぞうって。その水を汲んで家に持って帰っても、池の平の水がなくなるときには、引けてなくなるときには、家《うち》に持って来た水も引けてなくなる、いう話を聞きました。

（平成28年8月9日採録）

2　くだしょうと味噌《みそ》

高木　元子（西浦）

お味噌なんかに憑《つ》いてくるって言うだ、味噌。ほうだで味噌をね、あげるときは、南蛮《なんばん》をね、乗せてね、魔除けに。南蛮を。「だから味噌だけあげんなよ」っておばあちゃんに言われた。だもんでお味噌くれるときで、贈ってやるとき、南蛮乗せてね、赤い南蛮、乗せてやる。

（平成28年5月21日採録）

3　狐憑《きつねつ》き

守屋　百子（大里）

狐憑きだかって言ったね。それがその人の体に乗り移って。で、その、神さまへ祀ってある、御幣《おたから》ってあるでしょう。あれを持って、歩いたりするとか、歌ったりするとかって。

（平成28年5月22日採録）

4　小正月の成木責《なりきぜ》め

竹下　みさを（西浦）

十五日によ、柿の木があるら。儂《わし》、おじいちゃんに「何をお粥《かゆ》を煮て持っていくか」って言ったらね、お粥を入れて、ちいちゃい鍋でね。んで、木へ持ってって「成るか成らんか、ぶっ切りだ」つって。「成らねらば、むかいやがれ」って。「成るか成らんか、ぶっ切りだ」って。

（平成28年5月21日採録）

解説

神原

下川　知沙子
羽石　誠之助

大里の街並み

神原は、小畑、水窪（本町）、向市場とともに水窪の市街地を形成する。二六四世帯、五六一人が暮らし、集落の規模は小畑に次ぐ。水窪川西岸の平地の大里と、河岸段丘の高台に位置する神原とに分けられる。

秋葉街道（塩の道）に沿って本町の商店街を北へ抜けると、まもなく大里の街並みが見えてくる。昭和三〇年（一九五五）頃には本町や小畑と並んで〝北遠一〟といわれるほど賑わった街である。かつては旅館や飲食店、菓子舗、日用雑貨、衣料、建具、鍛冶、理容店などが街路に軒を連ねていた。当時の大里の街並みで興味深いのは鍛冶屋の多さである。五〇〇mに満たない街路沿いに五～六軒もの鍛冶屋が営まれていた。山林で働く人たちのための斧や鋸の需要が多かったためである。大里は夜の繁華街としても賑わっていた。高級なイメージがある本町の料亭や料理屋に比べて、大里では女性が気軽に接客する飲食店が多く、若い活気に溢れていたという。

大正一四年（一九二五）二月二五日、本町で火災が発生した。後に水窪大火と呼ばれるこの火災によって本町を中心としておよそ一四〇戸が焼失し、本町に置かれていた奥山村役場も罹災した。大火から三ヶ月後の同年五月一〇日、奥山村は町制を施行し水窪町となる。ところが、焼失した本町の再建を契機として新しい町役場の建設問題が起きる。これまでと同様、本町に役場を置こうとする意見（おもに本町、向市場）と、本町から神原もしくは小畑への移設を進めようとする意見（おもに神原、小畑）が対立し、議会も紛糾した。最終的には高木弥市町長への白紙委任というかたちで神原への移設が決定し、昭和三年（一九二八）、水窪尋常高等小学校の秋葉街道（旧道）を挟んだ向かい側に水窪町役場が開設された。地籍は神原であるが、本町にもごく近いということでの折衷案だったという。

それから四五年後の昭和四八年（一九七三）、町役場は神原から水窪バイパス道路（国道一五二号線）沿いの大里へと移転した。新しい町役場の周辺には磐田信用金庫水窪支店（昭和三二年）、水窪警察署（昭和四七年）、水窪商工会館（同）、北遠農業協同組合水窪支所（昭和五六年）等が相次いで建ち並び、大里は水窪の市街地のなかでもとくに行政や経済の中核地区として発展してきた。

神原の風景

神原は高台の集落である。麓の大里との標高差は約五〇m。秋葉街道（旧道）の急坂を登った先にある。商店街の大里とは異なり、緩やかな傾斜地に住宅と茶畑が点在する農村集落である。

緩やかとはいうものの高台の傾斜地は稲作に不向きだったため、昭和三〇年代までは畑で麦や粟などの雑穀を栽培し、わずかな米に混ぜて日常の主食としていた。明治から大正にかけては養蚕を営む農家が多く、神原平の一面に桑畑が広がっていたという。しかし、昭和になると世界恐慌や太平洋戦争の影響によって生糸の輸出が激減し、養蚕は急激に下火となった。

昭和二八年（一九五三）に始まった国鉄飯田線の付け替え工事を契機として、昭和三〇年には水窪町の人口は一万人を超え、空前の繁栄を迎える。全国的な建設ブームによる木材特需の好況がそれを後押ししていた。昭和三〇年四月には神原、小畑、本町、向市場に北遠で最初の上水道（簡易水道）が敷設され、市街地における住宅環境は飛躍的に発展した。とくに神原（神原・大里）では、昭和二五年（一九五〇）から昭和三五年（一九六〇）にかけての一〇年間で世帯数が二二八世帯から三二二世帯に増加している。増加率に換算すると一四一％である。これは小畑（小畑・大原）の一三五％（二六五世帯→三六〇世帯）、本町の一一〇％（一七九世帯→一九七世帯）を大きく上回る。

昭和四〇年（一九六五）に水窪ダムの建設が決定すると、ダムに水没する地区の住民たちの市街地への転居が始まった。水没地区だけでなく過疎化が進んだ山間の集落からの転出も相次いだ。昭和四〇年から昭和四五年（一九七〇）までの五年間でみると、本町の世帯数は一八九世帯から一六〇世帯に減少（八五％）、小畑（小畑・大原）でさえ四二〇世帯から四〇八世帯に減少（九七％）したが、神原（神原・大里）では三四三世帯から三七五世帯に増加（一〇九％）している。神原平でも、それまで農地だったところに次々と住宅が建てられていった。もともと神原で農業を営んでいた住民のなかでも小畑や大里の職場へ勤めに出る人が増え始めた。そうした家庭では収入の基盤が農業や山林での日雇い仕事から安定した月給に変わり、生活のスタイルや考え方も都会的に変貌していったようである。

信仰と伝承

神原平を見渡す高台には神原八幡宮が鎮座する。水窪が一年中でもっとも活気づくといわれる水窪祭は、この神原八幡宮と小畑の諏訪神社、向市場の春日神社との合同の祭礼である。秋葉街道の商店街では仮装大会や屋台の引廻し、花火大会などが繰り広げられる。もとはそれぞれの神社で行われていた秋祭だったが、大正時代にはすでに仮装行列などが取り入れられて余興化が進んでいた。現在では「水窪まつり実行委員会」が主催する盛大なイベントとなっている。かつて〝北遠一〟の賑わいと言われた水窪の街らしい祭といえるだろう。

神原・大里では、一月一二日の薬師堂の田遊び、六月一四日の神原八幡宮の津島祭、八月一〇日の虫送り念仏と八月一六日の送り念仏、一一月二三日の神原八幡宮の霜月祭などさまざまな年中行事が伝えられてきた。それらの多くは氏子の高齢化や保存会の後継者不足によって簡素化・形骸化を余儀なくされている。

大里では地蔵講、行者講、津島講などが行われ、神原では庚申講、愛宕講が続けられているという。とくに庚申講は、二ヶ月ごとの庚申の日の夜に当屋の家へ集まって青面金剛の掛け軸を祀り、かつては飲食をしながら夜を明かした。夜通しの話題は仕事や生活のことから政治や町の噂話まで多岐に及んだ。高根城のおくわ様の話や弁天島の盥に乗って流された女の話などもそうした場で交わされていたらしい。庚申講に参加したのは男性ばかりだったため、そうした伝説は歴史的な知識・関心として好まれ、共有されていったようである。

小畑

平手　結花

歴史と風景

小畑は水窪町では最大規模の集落である。二九五世帯、五九四人が暮らし、神原、水窪（本町）、向市場とともに水窪町の市街地を形成している。水窪川の西岸の平地に広がる狭義での小畑と、その支流・翁川に沿った緩やかな扇端部に位置する大原に分けられる。

小畑という地名は、南北朝時代にこの地の領主であった奥山氏が南朝の親王を迎え、その行宮《あんぐう》を「内裏」（大里）、錦の御旗を掲げたところを「御旗」（小畑）と称したことに由来するという。伝承の真偽はともかくとして、小畑には領主・奥山氏の末裔と伝えられる奥山家が屋敷を構え（奥山屋敷）、江戸時代には領家村（水窪町奥領家）のみならず奥山郷五ヶ村の大庄屋としての格式と権威を誇った。

昭和四二年（一九六七）、水窪ダムの建設に先立ち、水窪川の西岸に水窪バイパス道路（現在の国道一五二号線）が開通した。自動車の往来はバイパス道路に集中し、そのことでかえって秋葉街道（塩の道）には昔ながらの街並みが残されることになった。現在の小畑には秋葉街道に沿って食料品や生活雑貨、衣料品、酒店、菓子店などの商店が立ち並び、かつて〝北遠随一〟と言われた水窪の賑わいを偲ぶことができる。

小畑から大原にかけて秋葉街道は緩やかな登り坂になってゆく。昭和二八年（一九五三）に着工した飯田線付け替え工事によって水窪へ転入してきた人たちや、昭和四一年（一九六六）に始まる水窪ダムの建設によって水没する集落を離れた人たち、急速な過疎化が進んだ山間の集落から転出してきた人たちの多くが、小畑や大原に移り住んだ。本町に比べると小畑や大原には田畑が広がり、工場や住宅地の確保・拡張が容易であった。

産業と暮らし

翁川の扇端部から水窪川西岸にかけての平地は水利もよく土地柄も肥沃で、水窪には珍しく水田が広がっていた。昭和三〇年（一九五五）頃、小畑の水田面積は五町歩（＝約五ha）を超えていたという。当時、水窪町全域での水田耕地面積は二〇haを少し上まわるくらいであったから、水窪町の水田の約1／4が小畑に集中していたことになる。米ばかりを食べていることはできなかったが、米に雑穀を混ぜて日常的に食することができる程度の収穫があったという。水窪では、病気になったときにしか米を食べさせてもらえなかったとか、祭礼などの特別な日にしか米を食べることができなかったという話をしばしば聞く。そうした地域に比べると小畑はずいぶんと食糧事情に恵まれている。

水窪川と翁川との合流地である小畑は、山林から伐り出された木材を集積するのに適していたため、合流地の川岸近くに小畑貯木場（土場《どば》）が設けられていた。昭和一六年（一九四一）には帝室林野局水窪出張所（後の水窪営林署）が小畑に開設され、翌一七年（一九四二）には、それまでの川狩りに代わる木材の新たな輸送手段として、小畑貯木場を起点とする水窪森林鉄道が完成する。貯木場に近いことから製材工場も立ち並び、小畑は水窪における林業の拠点地区として発展してきた。昭和三〇年（一九五五）に飯田線付け替え工事が完成し、戦後の木材特需によって水窪が沸く頃、小畑には弓場製材所、春川製材所、高井製材所、大原では高木製材所などが操業していた。

かつて水窪には珍しく水田が広がる小畑であったが、その水田が工場に変わると、小畑の人々の暮らしも次第に変わっていった。営林署や製材所では安定した現金収入（月給）を得ることができたため、農業を離れて勤め人になる人たちが増えた。飯田線付け替え工事や新しい林道の建設工事が相次いだこともあって、そうした働き口を求めて山間地の集落から家族ごと転居して来た人たちも多い。昭和二五年（一九五〇）からの五年間で小畑の人口は七〇〇人ほども増え、昭和三〇年にはおよそ二〇〇〇人に達した。当時、繁華街として賑わっていた本町の人口は約一〇〇〇人であったから、その二倍の人口を抱える規模の町が小畑に形成されていたことになる。周辺の集落からも多くの人が働きに通って来ていた。

小畑で働く人が増えることで、旧道沿いの商店街はさらに賑わった。商店街には食糧品店や生活用品店をはじめ、鍛冶屋、建具店、呉服店、飲食店、旅館などさまざまな店舗が並んだ。隣接する大里の商店街とともに近隣の住民の生活を支えた場所である。生活に必要なものはすべて商店街で購入できたため、買い物のために町の外へ出かけることはほとんどなかったという。

伝承状況

小畑は、水窪きっての水田地帯から近代林業の産業拠点へと変貌を遂げてきた。我々が小畑で訪ねた方たちの大半は、その変貌のなかで幼少期もしくは少年期を過ごした世代である。彼らが幼少のころでさえ、すでに農業は生計の中心ではなく、親たちは近隣の職場に勤めていたという家庭が多い。あるいはもともと商家に生まれ育った人も少なくない。安定した所得が見込まれるため地域の生活は比較的豊かで、家庭における子どもたちへの教育意識はより現実的であった。親が子どもに昔話を語って聞かせたとか、幼い頃に親や祖父母から昔話を聞くのを楽しみにしていたというような話が、小畑ではほとんど確認できない。昔話などは教養のない話とみなされていたらしい。

小畑は人口も多く商工業で栄えた地域であったため、人々は産業や行政、世相、町内の出来事などに敏感で、大人たちにはそうした町の噂話が好まれたようである。当時の小畑には三嶋座という芝居小屋が営まれ、本町まで足をのばせば水窪座という映画館もあったから、娯楽の話題も多かった。町の環境と人々の生活様式が変化するなかで、昔話が伝承される場と機会が減っていったと推測される。

向島

佐藤　妃莉
山本　かむい

地勢と風景

向島は、本町、神原、小畑の市街地からみると、水窪川を隔てた向こう岸に位置する。常光寺山（一四三八m）の裾、標高約四五〇mから約二六〇mにかけての斜面に三六世帯、七五人が暮らしている。

市街地から向島へは水窪大橋を渡る。橋を渡って右手へ進むと南組、中組、島組が常光寺山の西側に点在している。南、中、島の三組が狭義での向島である。橋を渡って左に進んでゆくと水窪発電所や水窪風俗資料館を経て、押沢、柱戸、さらにその先の竹ノ島へと至る。こちらは常光寺山の北西側の麓にあたる。向島（南、中、島）と押沢、柱戸とでは二〜三㎞ほども離れている。もともと江戸時代には地頭方村一二ヶ村（組）のうちでも向島村と押沢村とは別の村（組）であり、現在でも神社の祭礼や集落の年中行事などは別々に行われている。かつては柱戸の先に畑梨という集落もあったが、現在では無人となっている。

昭和三〇年（一九五五）の国鉄飯田線の付け替えにより、向島に水窪駅が開設された。水窪駅には木材の買い付けに訪れる業者たちが降り立ち、水窪は空前の賑わいを迎えた。向島は水窪の玄関口となったが、駅は壁のように険しく切り立った水窪川の岸の上に開設されたため、向島に水窪駅を中心とする繁華街や商店街が形成されることはなかった。線路と駅の開設、それにともなう道路の拡張工事によって風景の一部は変わったものの、住民の多くは林業と畑作によって生計を営み、向島の生活風景はほとんど変わることがなかった。

産業と暮らし

常光寺山の麓に暮らす向島の人々にとって、林業は生活そのものであった。戦前から昭和四〇年頃にかけての向島の林業は、当時、水窪の各地でみられたように、山持ち（ザイバツ）、元締め（あるいは仲買人）、作業員の頭（庄屋）、作業員（人夫）といった職制によって成り立っていた。元締めは山持ちから山林を借り、人夫たちの束ね役である庄屋を介して作業員たちを雇用する。人夫には杣《そま》と日雇《ひよう》とがあり、それぞれに庄屋がいた。杣は材木を伐採する職人、日雇は木材を運び出す仕事を担う。そうした民営の林業とは別に、営林署に雇われて白倉山や戸中山の国有林へ働きに出る人もいた。

水窪の林業の特徴として「川狩り」がある。山林から伐り出した木材を水窪川や翁川に流して運び出す。水窪川や翁川は天竜川のようには水量が多くないため、木材を筏に組んで流し出すことができない。そこで川をいったん堰き止めて木材を貯め、一気に押し流すのである。川狩りは危険な作業であり、川狩り人足と呼ばれる技術者たちの死傷も多かったという。昭和一七年（一九四二）、戸中山国有林から伐り出した木材を小畑の貯木場まで運搬するために水窪森林鉄道が完成すると、川狩りは次第に廃れていった。

水窪森林鉄道は小畑を起点としてナガダレ岩の手前で水窪川を渡り、左岸に沿って押沢、柱戸の集落の下を通ってゆく。昭和三〇年に水窪大橋が建設されるまでは、向島と市街地との往来には弁天島に架かる弁天橋を渡って大里へ出るか、柱戸・押沢から押沢橋を渡って小畑へ出るのが一般的であった。向島や柱戸・押沢の人々は幅一mほどしか森林鉄道の軌道橋を生活道路として利用していたという。

水窪森林鉄道は、戦後の最盛期には一〇輛編成で一日に二往復が運行され、戸中山国有林の木材を運び出した。しかし、昭和三〇年には水窪川の対岸に林道白倉川線（現在の市道水窪白倉川線）が開設され、木材の搬送は森林鉄道からトラックへと転換してゆく。昭和三六年（一九六一）に水窪森林鉄道は廃止されたが、柱戸・押沢の川岸にはその軌道の痕跡をまだ見ることができる。

高氏秩子さんと遠木沢の森下屋

本書には、向島の高氏秩子さんが語る一二話の昔話が掲載されている。その大半は「桃太郎」「一寸法師」「かぐや姫」など、よく知られた話である。秩子さんが語る昔話は、たとえば「花咲か爺」は隣の爺の改心で締め括られている。「舌切り雀」では婆さんが欲張りを反省し、「猿蟹合戦」は猿が謝って皆と仲良く暮らし、「かちかち山」も兎に諭された狸が改心する。昨今は、昔話の絵本などでも残酷な結末は避けられ、こうした平和的な締め括りが好まれるようなので、我々も採録の当初は秩子さんの語る昔話が最近の絵本か何かをもとにしたものではないかと考えた。しかし、高氏秩子さんが語る昔話には興味深い背景があった。

秩子さんは草木の遠木沢の出身で、実家は「森下屋」という商人宿を営んでいた。秩子さんが三、四歳の頃、当時の草木分教場に勤務する一八、九歳の若い女性教師が森下屋に下宿していた。『水窪町史 下』によれば、昭和一九年（一九四四）、水窪町国民学校草木分教場は児童数五四名、学級数二、教員二名とある。秩子さんはまだ学齢前だったが、家に下宿している女性教師を姉のように慕った。女性教師も秩子さんをかわいがり、毎晩、就寝前に秩子さんに昔話を語って聞かせてくれたという。秩子さんが語る昔話が道徳的なのは、そのルーツが若い女性教師だったからのようである。

水窪と信州とを結ぶ道は青崩峠（秋葉街道）だけではない。翁川に沿いながら長尾、西浦を経て青崩峠を越えてゆく道のほかに、水窪川に沿って遡り、草木、遠木沢を経て兵越峠を越えてゆく道もある。遠木沢は兵越峠の登り口にあたる集落である。信州から兵越峠を越えて来る行商人たちは、遠木沢の森下屋に逗留して、白倉川沿いの針間野、大嵐、時原に足をのばし、あるいは戸中川流域の両久頭、瀬戸尻、戸中まで商いに歩いたという。

「針間野峠の地蔵様」（『みさくぼの民話』所載）は、水窪ではよく知られた世間話である。遠木沢から大嵐へ向かうには、途中、針間野峠を越えなければならない。峠に差し掛かった薬売りが、そこに祀られている地蔵の頭が曲がっていたことを気にして、頭の向きを直してやった。ところが薬売りはその夜から生死をさまようほどの病を患う。それは「俺は用があって横を向いていたのに、おまえは余計なことをした」という地蔵の祟りだった。その薬売りは「やまさの薬屋」といって語られることもある。「やまさの薬屋」は実在した薬売りであり、森下屋に逗留して置き薬を売り歩いたという。そうした行商人たちによってさまざまな「話」がもたらされ、語り伝えられていたと考えられる。

斎輔さまと霊神信仰

東　美穂

本書には「斎輔さま」と題した伝説二話を収載している。本書では伝説として扱ったが、「斎輔さま」は幕末期の水窪に実在した人物である。本名を高松斎輔（才助）といい、地頭方村の時原の医師であったという。『水窪町史』[1]によれば、高松斎輔は天保元年（一八三〇）、時原に生まれ、一三歳のときから周智郡山梨（袋井市山梨）の医師・賢斉に師事して医学を学び、その後、京都や長崎で蘭学と本草学を修めたといわれる。時原に戻った高松斎輔は優れた漢方医として村人たちに医療を施し人々の崇敬を受けたが、嘉永七年（一八五四）に二五歳の若さで病没したとされる。高松斎輔の死後、彼の遺徳を偲んだ村人たちによって「斎輔霊神」として祀られたと伝えられている。

斎輔霊神は斎輔の生家である高松家にゆかりの祢宜によって「申し降ろし」され、病気や採り草（薬草）のことを村人たちに教えた。高松家が時原を離れてからは針間野の春蔵という祢宜だけが斎輔霊神の申し降ろしを行うことができたともいう[2]。時原や針間野だけでなく、遠く離れた地域からも斎輔霊神の申し降ろしを求めて祢宜を訪ねてきたという。水窪の市街地である小畑や神原でも、斎輔さまの申し降ろしを受けた経験のある人は少なくない。春蔵祢宜が亡くなった後、斎輔霊神の申し降ろしは途絶えたとされるが、斎輔霊神への信仰は絶えず、時原が廃集落となった現在でも四月一五日（近年は五月のG.W.）に時原の斎輔霊神の霊祠で祭礼が執り行われている。

民間医療に生涯を捧げた偉人とされる高松斎輔であるが、伝説のなかに伝えられる「斎輔さま」は、そうした史伝とは様相が異なる。本書に収載し、あるいは我々がこれまでに蒐集してきた「斎輔さま」の伝説はいずれも、斎輔は彼を妬んだ隣家の医者によって毒殺されたというのである。『静岡県史』[3]にも「近くに住む法印に薬挑みを迫られ、毒を承知で口に入れ、家に帰って毒消しを試みたけれども防ぎ切れなかった」という話が「伝承」として紹介されている。尋常な死に様ではない。史伝として伝えられた「高松斎輔」と、伝説のなかの「斎輔さま」の決定的な違いが指摘できる。

斎輔さまにかぎらず、水窪には、尋常ではない死に様を遂げた者の伝承が多くみられる。そうした霊を、水窪では「死霊さま」あるいは「霊神」と呼んで祀る風習がある。霊力の強かった祢宜や異常な死を遂げた霊が「霊神」「死霊」として、多くは板碑の形で路傍や山中、神社の境内、屋敷地などに祀られている。「霊神」や「死霊」は放置すると祟りをなす恐ろしい霊と考えられ、祢宜によって祀り鎮められてきた。[4]

たとえば本書に収載されている「芋死霊」の伝説もその一つである。ある男が山の畑で芋を育てていたが、収穫の直前に芋を盗まれてしまう。男は山を下り、集落の端で泣き叫び、死んでしまった。死んだ男は集落に祟りをなした。そこで「芋死霊」として祀られたという。

同じく本書に収載されている「大工の五郎八」も陰惨である。長尾の大工・五郎八は名匠・左甚五郎の落胤であり、京都の三十三間堂の傾きを楔一本で直したほどの腕の持ち主だったが、水窪に戻ってから不遇のうちに亡くなったという。ただ不遇というだけではない。語り手たちは皆、五郎八の死を言い澱み、声をひそめる。本書の「大工の五郎八」では語りの中で「～腕を」といい、その先の語りが途切れてしまっている。おそらく腕を斬られたのではないだろうか。『みさくぼの民話』[5]に収載された「大工の五郎八」も、「それが浮かばれんだよな、なんにも」と陰惨な最期を暗示させる話の結びである。どうやら五郎八は殺されたらしい。五郎八は死後に翁川の蛇ヶ淵のほとりに祀られた。五郎八の祟りによって、長尾では大工が育たなくなったという。これも死霊の一つと考えてよいだろう。

京都の公家・吉田家から山住神社の神職・山住家に養子として迎えられたという「正麿さま」の伝説も本書に収載している。山住正麿は嘉永二年（一八四九）に京都の吉田家に生まれたとされる。嘉永六年（一八五三）に山住家の養子として迎えられ、大正七年（一九一八）に六九歳で病没したという[6]。ところが、正麿には、すぐれた祈祷を行ったと伝えられるいっぽうで、さまざまな曰くが付き纏っている。山住家に来たのは別人だったとも噂され、山住家に馴染まず方々の家に身を寄せ、最後には奥山家の流れを汲む奥山幸吉家（奥山新屋）で亡くなったとも伝えられる。火葬に立ち会った人が遺体を叩いたところ、遺体が起き上がって山住神社の方向を向いたという。生焼けの遺体が起き上がる様は凄惨であり、正麿の霊への畏怖が見え隠れする。正麿は死後に「山住鉩彦《うずひこ》霊神」として小畑の奥山新屋の墓地に祠が祀られている。

芋死霊や鉩彦霊神（正麿霊神）は祢宜が祀り鎮めたものである。おそらく五郎八もそうだろう。祢宜は「死霊さま」や「霊神」の祭祀者であり、伝播者でもある。霊力が強かったとされる祢宜は、彼自身も死後に霊神として祀られる。

斎輔霊神の申し降ろしが斎輔の生家である高松家の祢宜に受け継がれてきたことは興味深い。時原の高松家は祢宜を輩出した家系なのだろう。斎輔の父は高松周碩[7]とも修石法院[8]と号したともいわれ、修験道に通じていたと伝えられる。修験ならば山野の薬草にも通じている。そのあたりが斎輔の医術の出処とも考えられる。高松斎輔が地域の人々に医術を施したという史伝は、たぶん史実に近いものだろう。しかし地域医療に尽くした偉人というだけで「霊神」として祀られるだろうか。斎輔が「霊神」として祀られる背景には、高松家が修験や祢宜の家系だったことが大きく影響しているだろう。

斎輔が「霊神」として祀られるには、もう一つの条件にも注目したい。尋常でない死に様を遂げた霊が祢宜によって「霊神」として祀り鎮められるのである。若い斎輔が彼を妬んだ隣家の医者によって毒殺されたという話が史実かどうかはわからない。しかし偉人の美徳に満ちた穏やかな死よりも、そうした惨い死に様のほうが、「斎輔霊神」への畏怖とその霊威は強調される。若く無残な死が語り伝えられることによって「斎輔霊神」への期待はいっそう増幅されていったと考えられるのである。

注

（1）『水窪町史 上』（水窪町史編さん会編、水窪町、一九八三年）「江戸時代の医療」

（2）『草木の民俗 磐田郡水窪町』（静岡県史民俗調査報告書第九集、静岡県教育委員会文化課県史編さん室編、静岡

県、一九八九年）
（3）『静岡県史 資料編二五 民俗三』（静岡県編、静岡県、一九九一年）
（4）『水窪の民俗』（遠州常民文化談話会編、二〇一二年）「死者にまつわる信仰」
（5）『みさくぼの民話』（二本松康宏監修、岩堀奈央・植木朝香・末久千晶・鷹野智永・久田みずき編著、三弥井書店、二〇一六年）「大工の五郎八」
（6）植木豊『さかや　水窪小畑 天野家』（私家版、二〇一六年）「山住鉁彦（正麿）」を参照した。
（7）『江戸時代人づくり風土記二二　ふるさとの人と知恵　静岡』（加藤秀俊・谷川健一・稲垣史生・石川松太郎・吉田豊編、農山漁村文化協会、一九九〇年）「斎輔霊神—民間療法の元祖となった高松才助　磐田」
（8）『水窪—静岡県磐田郡水窪町民俗資料緊急調査報告書』（水窪町教育委員会、一九六八）「斉輔霊神」

◆話者一覧◆

整理番号	氏名	生年	年齢	性別	現住所	出身地	採録話	掲載番号	伝承に関わる備考
1	栗野やす	昭和6年	84	女	大里	大里	雀の孝行と燕の不孝	昔話24	生家は米や酒を扱う商家。母から話を聞いた。
							豆と槌と藁	昔話25	
2	池田絹代	昭和7年	84	女	西浦	西浦	松ぼっくりで飯炊き	昔話14	
3	伊藤幸太郎	昭和11年	80	男	向島	向島	姨捨山(灰縄)(三)	昔話10	兄から話を聞いた。兄は物知りで伝説などをよく知っていた。
							ナガダレ岩の椀貸し伝説(一)	伝説3	
							西浦の蛇聟入り	伝説7	
							山住さまの犬	世間話2	
4	伊藤松雄	昭和7年	84	男	西浦	西浦	猫罰山	世間話19	
5	鎌倉光子	昭和12年	79	女	大里	大里	姨捨山(灰縄)(一)	昔話8	実家で草鞋作りなどの手伝いをしているときに祖母から昔話を聞いた。兄弟の中で一番よく手伝いをしていたため、話を聞く機会が多かった。
							子どもの好きな地蔵さま	昔話11	
							狼の恩返し	昔話13	
							蛇聟入り(二)	昔話16	
							十二支の由来(鼠と猫)	昔話22	
							盥に乗った女(鳴瀬の大蛇)	伝説8	
							赤子淵と池の平の祠	伝説14	
							斎輔さま(二)	伝説18	
							狐火	世間話10	

							蛇の祟り	世間話13	
							僧とくだしょう	世間話20	
6	小塩勉	昭和7年	84	男	西浦	西浦	西浦の田楽の不思議（六月の雪）（二）	世間話6	祖父や地域のお年寄りからよく話を聞いた。
							行商人を騙した報い	世間話14	
							城西の松の木の祟り	世間話15	
							斧入れず山	世間話16	
7	小塩野米二	昭和10年	81	男	神原	神原	流された女（鳴瀬の大蛇）	伝説9	庚申講の集まりなどで伝説を聞いた。
							赤子淵と池の平の血萱	伝説13	
							臼ヶ森のおいの藤	伝説20	
8	坂本巌	昭和10年	80	男	小畑	小畑	向市場の治郎兵衛さま	伝説12	「正磨さま（一）」は実際に葬儀に立ち合ったという父から聞いた。
							正磨さま（一）	伝説15	
							徳川家康と桶屋	伝説23	
9	坂本友一	昭和21年	70	男	大原	大原	シシ岩とナガダレ岩	伝説2	「シシ岩とナガダレ岩」の話は父から聞いた。
							蛇ヶ淵の河童	伝説5	
							小畑の奥山観音	伝説10	
							正磨さま（二）	伝説16	
							斎輔さま（一）	伝説17	
							小畑の愛宕さま	伝説21	
							天狗に攫わされた話	世間話11	
							罰山（一）	世間話17	

10	鈴木かね子	昭和10年	81	女	大里	草木	向市場の道祖神	伝説11	
11	鈴木杉枝	昭和6年	84	女	神原	神原	姨捨山(枝折・灰縄)	昔話7	
							ナガダレ岩の椀貸し伝説(二)	伝説4	
12	鈴木みよ子	昭和11年	80	女	向島	佐久間町相月	山住山の天狗	世間話1	幼いころ寝るときに母から話を聞いていた。
							狐に化かされた話(一)	世間話7	
							狐に化かされた話(二)	世間話8	
13	高氏秩子	昭和15年	76	女	向島	草木	桃太郎	昔話1	実家が商人宿を営んでおり、草木分校に勤めていた若い女性の先生が下宿していた。彼女を慕い、寝る前に多くの昔話を聞かせてもらった。かぐや姫は、竹の子を採りに行ったときに祖母から聞いた。
							一寸法師	昔話2	
							かぐや姫	昔話3	
							花咲か爺	昔話4	
							舌切り雀	昔話5	
							瘤取り爺	昔話6	
							因幡の白兎	昔話17	
							兎と亀	昔話18	
							猿蟹合戦	昔話19	
							かちかち山	昔話20	
							煮て食うか焼いて食うか	昔話30	
							和尚と小僧(飴は毒)	昔話32	
14	高木晟	昭和16年	75	男	長尾	長尾	大工の五郎八	伝説19	
15	高木元子	昭和23年	67	女	西浦	瀬戸尻	くだしょうと味噌	言い伝え2	姑から話を聞いた。

16	竹中あさゑ	昭和9年	82	女	西浦	西浦	十二支の由来（蛇と蛙、犬と猫）	昔話23	同じ西浦の桂山から現在の家へ嫁ぐ。「砂子の蛇聟入り」は嫁いだ後に友人に聞いた。
							砂子の蛇聟入り	伝説6	
17	竹中菊男	昭和6年	85	男	西浦	西浦	久太と蛙	昔話28	
							芋死霊	伝説22	
							西浦の田楽の不思議（六月の雪）（一）	世間話5	
							罰山（二）	世間話18	
18	竹久みさを	昭和11年	79	女	西浦	西浦	小正月の成木責め	言い伝え4	
19	中谷弘子	昭和18年	73	女	大原	長尾	姨捨山（灰縄）（二）	昔話9	幼いころに祖母がよく昔話を語ってくれた。
							弘法さまと馬糞飯	昔話12	
							蛇聟入り（一）	昔話15	
							麦と蕎麦	昔話27	
							皆殺し半殺し	昔話29	
							和尚と小僧（餅は仏さま）（一）	昔話33	
							稲荷さまの霊験	世間話3	
							池の平	言い伝え1	
20	前島しげ	昭和6年	84	女	神原	瀬戸尻	狐に化かされた話（三）	世間話9	父から話を聞いた。
21	守屋千づる	昭和29年	62	女	西浦	長野県下伊那郡	不動さまの霊験	世間話4	

22	守屋百子	昭和11年	80	女	大里	大里	十二支の由来（鼠と牛、鼠と猫）	昔話21	本町に住む友人の曽祖父から昔話を聞いた。「麦と蕎麦と米」は老人クラブの友人から聞いた。
							麦と米と蕎麦	昔話26	
							茗荷の宿	昔話31	
							和尚と小僧（餅は仏さま）（二）	昔話34	
							愚か話（どっこいしょ）	昔話35	
							灰縄山	伝説1	
							狐憑き	言い伝え3	
23	山下博之	昭和4年	87	男	大里	小畑	乞食岩のお歯黒婆	世間話12	瀬戸尻出身の父から話を聞いた。

鎌倉光子さん（大里）

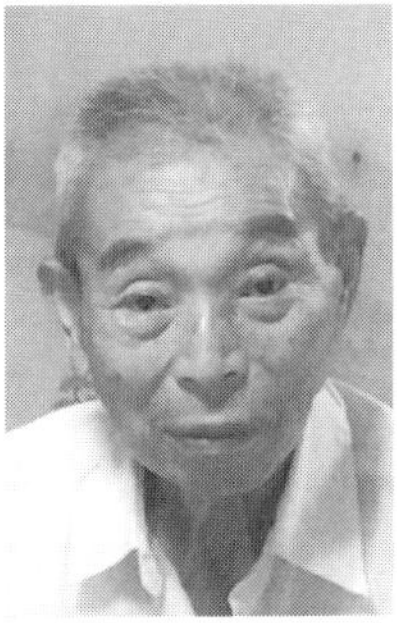

伊藤松雄さん（西浦）

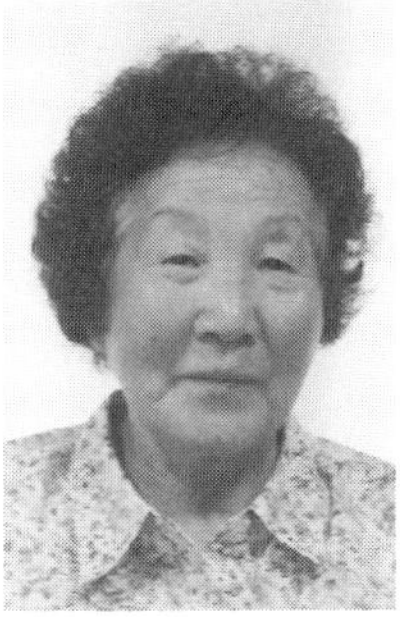

池田絹代さん（西浦）

粟野やすさん（大里）

坂本友一さん（大原）

坂本巌さん（小畑）

小塩野米二さん（神原）

小塩勉さん（西浦）

高氏秩子さん（向島）

鈴木みよ子さん（向島）

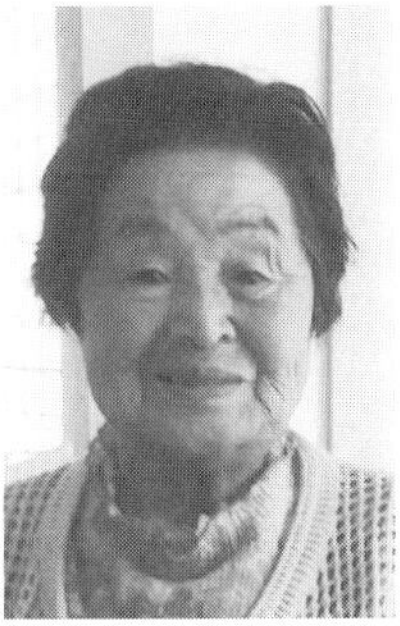

鈴木杉枝さん（神原）

鈴木かね子さん（大里）

竹中菊男さん、あさゑさん ご夫妻(西浦)

高木元子さん(西浦)

高木晟さん(長尾)

守屋千づるさん(西浦)

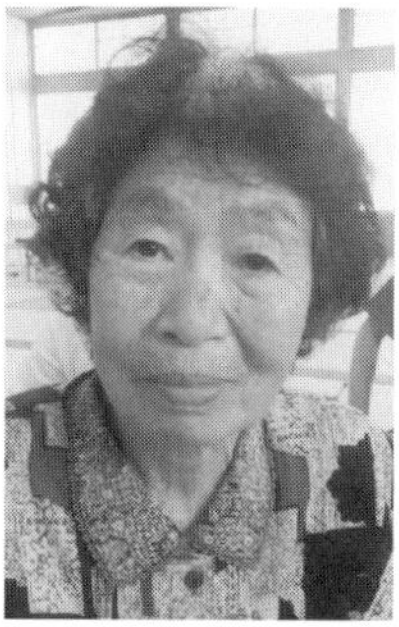

前島しげさん(神原)

中谷弘子さん(大原)

竹久みさをさん(西浦)

山下博之さん(大里)

守屋百子さん(大里)

◆話型一覧◆

掲載番号	題名	話者	日本昔話通観	日本昔話大成	Arne Thompson type index	日本伝説大系	備考
	昔話						
1	桃太郎	高氏秩子	一二七「桃太郎」	一四三「桃の子太郎」	五一三A		
2	一寸法師	高氏秩子	一三七A「一寸法師―鬼退治型」	一三六C「一寸法師」			
3	かぐや姫	高氏秩子	一三〇「竹娘」	一四六「竹姫」			
4	花咲か爺	高氏秩子	三六四A「犬むかし―花咲か爺型」	一九〇「花咲爺」	一六五五		隣の爺が改心
5	舌切り雀	高氏秩子	八六五「舌切り雀」	一九一「舌切り雀」	四八〇		婆が改心
6	瘤取り爺	高氏秩子	四七「こぶ取爺」	一九四「瘤取り爺」	五〇三		隣の爺なし
7	姨捨山(枝折・灰縄)	鈴木杉枝	四一〇A「姥捨て山―難題型」、四一〇B「姥捨て山―もっこ型」	五二三A「親棄山」 五二三C「親棄山」	九八一	一七「姥捨山」	
8	姨捨山(灰縄)(一)	鎌倉光子	四一〇A「姥捨て山―難題型」	五二三A「親棄山」	九八一	一七「姥捨山」	
9	姨捨山(灰縄)(二)	中谷弘子	四一〇A「姥捨て山―難題型」	五二三A「親棄山」	九八一	一七「姥捨山」	
10	姨捨山(灰縄)(三)	伊藤幸太郎	四一〇A「姥捨て山―難題型」	五二三A「親棄山」	九八一	一七「姥捨山」	
11	子どもの好きな地蔵さま	鎌倉光子					

12	弘法さまと馬糞飯	中谷弘子					
13	狼の恩返し	鎌倉光子	三九〇「狼の徳利」	二二八「狼報恩」	一五六	三三「狼報恩」	
14	松ぼっくりで飯炊き	池田絹代	一七五「皿々山」	二〇六「皿々山」	八七九		
15	蛇聟入り(一)	中谷弘子	二〇五A「蛇婿入り—針糸型」	一〇一A「蛇聟入—苧環型」	四一五A、四三三A	一七二「蛇聟入・苧環型」	
16	蛇聟入り(二)	鎌倉光子	二〇五A「蛇婿入り—針糸型」	一〇一A「蛇聟入—苧環型」	四一五A、四三三A	一七二「蛇聟入・苧環型」	
17	因幡の白兎	高氏秩子		動物新六「兎と亀」	五八		
18	兎と亀	高氏秩子		三九「亀にまけた兎」	一〇七四、cf.一三		
19	猿蟹合戦	高氏秩子	五二三A「柿争い—仇討ち型」	二七A「蟹の仇討」	九B参照、二一〇		猿は死なない
20	かちかち山	高氏秩子	五三二「かちかち山」	三三C「勝々山」			狸は死なない
21	十二支の由来(鼠と牛、鼠と猫)	守屋百子	五四三「十二支の起こり—鼠の狡猾」	一三「十二支の由来」	二七五		
22	十二支の由来(鼠と猫)	鎌倉光子	五四三「十二支の起こり—鼠の狡猾」	一三「十二支の由来」	二七五		
23	十二支の由来(蛇と蛙、犬と猫)	竹中あさゑ	五〇三「蛇と蛙」	一三「十二支の由来」七三「蛙と蛇」	二七五		
24	雀の孝行と燕の不孝	粟野やす	四五四「雀孝行」	四七A「雀孝行」			
25	豆と槌と藁	粟野やす	五七三「豆と炭と藁の旅」	四三「豆と炭と藁」	二九五		
26	麦と米と蕎麦	守屋百子	五一六「そばの足」				

27	麦と蕎麦	中谷弘子	五五六「そばの足」(参考) 四五四「雀孝行」(参考)	四七A「雀孝行」(参考)			
28	久太と蛙	竹中菊男	九四九「鳴き声と人―蛙と久兵衛」	四二〇「嘉兵衛鍬」	cf.一二二一		
29	皆殺し半殺し	中谷弘子	九二六「半殺し本殺し」	四一五「本殺し半殺し」	cf.一六九八		
30	煮て食うか焼いて食うか	高氏秩子	九二六「半殺し本殺し」	四一五「本殺し半殺し」	cf.一六九八		獲物は魚
31	茗荷の宿	守屋百子	九八九「みょうが宿」	三九二「茗荷女房」			
32	和尚と小僧(飴は毒)	高氏秩子	六〇三「和尚と小僧―飴は毒」	五三二「飴は毒」	一三三		
33	和尚と小僧(餅は仏さま)(一)	中谷弘子	五九八「和尚と小僧―餅は本尊」	五三五「餅は本尊様」			
34	和尚と小僧(餅は仏さま)(二)	守屋百子	五九八「和尚と小僧―餅は本尊」	五三五「餅は本尊様」			
35	愚か話(どっこいしょ)	守屋百子	一〇四七A「物の名忘れ―団子婿型」	三六二A「団子聟」	一六八七		
	伝説						
1	灰縄山	守屋百子	八一八「難題話―灰縄」	五二四「殿様の難題=打たぬ太鼓」	九八一、四六五B、八七五、cf.九二二		姥捨なし
2	シシ岩とナガダレ岩	坂本友一				一〇七「成長石」	秋の月見の祭をしない由来
3	ナガダレ岩の椀貸し伝説(一)	伊藤幸太郎	五四「貸し椀淵」			一九二「椀貸淵」	

4	ナガダレ岩の椀貸し伝説(二)	鈴木杉江	五四「貸し椀淵」			一九二「椀貸淵」	
5	蛇ヶ淵の河童	坂本友一	五四「貸し椀淵」			四八「河童の礼」 一九二「椀貸淵」	椀貸し
6	砂子の蛇聟入り	竹中あさゑ	二〇五A「蛇婿入り―針糸型」	一〇一A「蛇聟入―苧環型」 二六七「山姥と石餅」	四二五A、四三三A、九五三、一一三五、一一三七	一七二「蛇聟入・苧環型」 一八〇「山姥と石餅」	
7	西浦の蛇聟入り	伊藤幸太郎	二〇五A「蛇婿入り―針糸型」	一〇一A「蛇聟入―苧環型」	四二五A、四三三	一七二「蛇聟入・苧環型」	苧環型
8	盥に乗った女(鳴瀬の大蛇)	鎌倉光子				一四三「沼の主になる」	
9	流された女(鳴瀬の大蛇)	小塩野米二				一四三「沼の主になる」	
10	小畑の奥山観音	坂本友一				二〇「海から上がった神仏」	
11	向市場の道祖神	鈴木かね子	四「兄妹夫婦」			五八「兄妹始祖」	兄妹は死なない
12	向市場の治郎兵衛さま	坂本巌	四「兄妹夫婦」			五八「兄妹始祖」	兄妹は死なない
13	赤子淵と池の平の血萱	小塩野米二				九八「柴折神」	
14	赤子淵と池の平の祠	鎌倉光子				九八「柴折神」	
15	正麿さま(一)	坂本巌					
16	正麿さま(二)	坂本友一					

17	斎輔さま（一）	坂本友一					
18	斎輔さま（二）	鎌倉光子					
19	大工の五郎八	高木晟					
20	臼ヶ森のおいの藤	小塩野米二					
21	小畑の愛宕さま	坂本友一		四四「聞き違い」（参考）			
22	芋死霊	竹中菊男					
23	徳川家康と桶屋	坂本巖					
	世間話						
1	山住山の天狗	鈴木みよ子					
2	山住さまの犬	伊藤幸太郎					
3	稲荷さまの霊験	中谷弘子					
4	不動さまの霊験	守屋千づる					
5	西浦の田楽の不思議（六月の雪）（一）	竹中菊男					
6	西浦の田楽の不思議（六月の雪）（二）	小塩勉					
7	狐に化かされた話（一）	鈴木みよ子					
8	狐に化かされた話（二）	鈴木みよ子					
9	狐に化かされた話（三）	前島しげ					
10	狐火	鎌倉光子					
11	天狗に攫われた話	坂本友一					

12	乞食岩のお歯黒婆	山下博之				
13	蛇の祟り	鎌倉光子				
14	行商人を騙した報い	小塩勉				
15	城西の松の木の祟り	小塩勉				
16	斧入れず山	小塩勉				
17	罰山(一)	坂本友一				
18	罰山(二)	竹中菊男				
19	猫罰山	伊藤松雄				
20	僧とくだしょう	鎌倉光子				
	言い伝え					
1	池の平	中谷弘子				
2	くだしょうと味噌	高木元子				
3	狐憑き	守屋百子				
4	小正月の成木責め	竹久みさを				

◇調査記録◇

平成28年4月27日（水）

水窪協働センターとの初回打ち合わせ

平成28年5月21日（土）〜22日（日）　第1回採訪

21日　午後　西浦（林業研修体験施設「田楽の里」）
22日　午前　神原（水窪協働センター2階）
　　　午後　神原（水窪協働センター2階）
　　　　小塩野米二さん　小塩野民子さん　田中房子さん（神原）
　　　　鈴木かね子さん（大里）

平成28年6月4日（土）　第2回採訪

　　　午前　鈴木杉枝さん（神原）
　　　午後　粟野やすさん（大里）
　　　　鎌倉光子さん　鎌倉政子さん（大里）
　　　　鈴木かね子さん（大里）
　　　　守屋百子さん（大里）
　　　　池田絹代さん（西浦）

平成28年6月18日（土）〜19日（日）　第3回採訪

18日　午後　伊藤幸太郎さん　伊藤國江さん（向島）
　　　　加藤ゐまえさん（向島）
　　　　鈴木みよ子さん　加藤りつ子さん（向島）
　　　　高氏時男さん　高氏秩子さん　巣子守松夫さん（向島）
19日　午前　小畑（みしま会館）
　　　午後　小畑（みしま会館）
　　　　鎌倉光子さん（大里）
　　　　高橋さちこさん　松下みちこさん（小畑）
　　　　原和子さん（小畑）

平成28年7月2日（土）　第4回採訪

　　　午後　池田絹代さん（西浦）
　　　　小塩勉さん（西浦）
　　　　竹中菊男さん　竹中あさゑさん（西浦）
　　　　小塩野米二さん　小塩野民子さん（神原）

平成28年7月16日（土）〜17日（日）　第5回採訪

16日　午後　伊藤幸太郎さん　伊藤國江さん（向島）
　　　　鈴木みよ子さん（向島）
　　　　高氏時男さん　高氏秩子さん（向島）
　　　　高木晟さん　山下博之さん（長尾）
17日　午前　伊藤松雄さん　杉下誠さん（西浦）
　　　　春山千枝さん　高木好子さん　松下かねよ

さん（小畑）
午後　守屋百子さん（大里）
坂本友一さん　中谷弘子さん（大原）
坂本巖さん　坂本良太郎さん　池田芳男さん　宮下静世さん（小畑）
水口利昭さん　水口敬子さん（小畑）

平成28年8月8日（月）補足調査①
午前　坂本友一さん（大原）
午後　坂本友一さん（大原）
伊藤幸太郎さん（向島）

平成28年8月9日（火）補足調査②
午前　高氏時男さん　高氏秩子さん（向島）
午後　中谷弘子さん（大原）

平成28年8月26日（金）補足調査③
午後　水口利昭さん　水口敬子さん（小畑）

平成28年8月30日（火）補足調査④
午後　小塩野米二さん（神原）
坂本巖さん　池田芳男さん　宮下静世さん
南屋英光さん（小畑）

平成28年9月11日（日）補足調査⑤
午後　竹中菊男さん　竹中あさゑさん（西浦）

平成28年9月25日（日）補足調査⑥
午後　山下博之さん（大里）

平成28年9月30日（金）補足調査⑦
午前　加藤りつ子さん（向島）
午後　伊藤幸太郎さん　伊藤國江さん（向島）

平成28年10月9日（日）補足調査⑧
午後　坂本巖さん　坂本良太郎さん　池田芳男さん　宮下静世さん（小畑）

平成28年10月10日（月）補足調査⑨
午後　鎌倉光子さん　鎌倉政子さん（大里）

平成28年10月15日（土）補足調査⑩
午後　米山より子さん（神原）

平成28年10月16日（日）補足調査⑪
午後　加藤りつ子さん（向島）
坂本孔子さん（向市場）

平成28年10月17日（月）補足調査⑫
午前　桂内米一さん（小畑）

平成28年10月23日（日）補足調査⑬
午後　坂本友一さん　中谷弘子さん（大原）

平成28年10月30日（日）補足調査⑭
午後　守屋銀治さん（神原）

平成28年11月14日（月）補足調査⑮
午前　伊藤幸太郎さん　伊藤國江さん（向島）
午後　川倉和さん（向島）

平成28年11月21日（月）補足調査⑯
午後　守屋百子さん（大里）

平成28年12月3日（土）補足調査⑰
午後　鎌倉光子さん　鎌倉政子さん（大里）

平成28年12月6日（火）補足調査⑱
午前　高氏時男さん　高氏秩子さん（向島）
午後　大坪秀雄さん（向島）

平成28年12月11日（日）補足調査⑲
午後　竹中あさゑさん（西浦）

平成29年1月15日（日）補足調査⑳
午前　米山より子さん（神原）
午後　伊藤建二さん（神原）
　　　鎌倉光子さん（大里）

平成29年1月21日（土）補足調査㉑
午後　鈴木かね子さん（大里）

平成29年1月22日（日）補足調査㉒
午前　守屋銀治さん　守屋良子さん（神原）
午後　小塩野米二さん　小塩野民子さん（神原）
　　　高木良二さん（神原）

平成29年1月28日（土）補足調査㉓
午前　加藤定義さん（神原）

あとがき

もしも昔話や口承文芸の研究者の方がこの「あとがき」をお読みになるとしたら、いささか〝釈迦に説法〟じみた話になることをお許しいただきたい。

昔話の採録調査をしていると、しばしば「伝説」と「昔話」の違いを尋ねられることがある。「伝説」は時代と場所を特定して伝えられる。時代設定は曖昧な場合もあるが、場所（土地）はかならず具体的である。それに対して「昔話」は時代と場所を特定しない。わかりやすく言えば「むかしむかし、あるところに」である。たとえば本書でも、昔話として「蛇聟入り（一）」「蛇聟入り（二）」を載せ、伝説として「砂子の蛇聟入り」と「西浦の蛇聟入り」を収めている。その違いは具体的な在地性（地名）をもって語られているかどうか、である。あるいは昔話として「姨捨山」四話を収めながら、「灰縄山」は伝説として分類している。「灰縄山」は語りの結末に「そいで、その地名があるとかって。灰縄っていうところが」という。あとで調べてみたら、たしかに水窪町と春野町との境に灰縄山があった。標高一四三六m、別名を三ッ森山ともいう。具体的な在地性が認められるので伝説に分類した。

もちろんほとんどの語り手はそのような分類を意識しているわけではない。だからこうした分類については、原理主義的というか、融通が利かないというか、我ながら違和感を覚えないわけではない。こうした配列が果たして適切なのかどうか。そのあたりはこの本をお読みいただいた方々からのご意見やご叱正を待ちたい。

もう一つ、「伝説」と「昔話」の違いについて、水窪での採訪で実感したことがある。伝説は地域における教養の一環として男性が好んで語る傾向がある。郷土の歴史に関心があるとか、山林《やま》のことに詳しいとか、そういう男性たちが知識の自負とともに伝説を語り継いでいる。だからわりとよく話してくださる。郷土の伝説として出版物などでも紹介されている。

ところが、昔話は伝説とは真逆である。民俗学的に言えば、伝説が「霽《ハレ》」（祭礼や行事などのような「非日常」）の語りだとすれば、昔話は「褻《ケ》」（普段の生活）の中にある。多くの語り手たちがはじめのうちは「こんな話を人前でなんかしたら、それこそ馬鹿げられる」と言ってはにかむ。あるいは本気で恥ずかしがる。その大半は女性たちである。あえて前時代的な差別語で言い換えると、昔話は女子供《おんなこども》の戯言《たわごと》だと思われている。「それこそ馬鹿げられる」と恥ずかしがる女性たちに昔話を語っていただくのは容易ではない。孫に昔話を語って聞かせたという経験がある人もほとんどいない。孫と一緒に暮らしていないのだから仕方がない。我々が聞いているのは、彼女たち自身が子どもの頃に聞いた遠い記憶のかなたの昔話である。七〇年以上も前の記憶をたどりながら、ゆっくりと思い出していただくしかない。焦って聞き出そうとすれば、ほつれてしまいそうなほどに繊細。水窪での昔話の採録は「紡《つむ》ぎだす」という表現がいちばんしっくりくる。

二〇一四年五月三〇日から始まった水窪での昔話採訪は、三年間でのべ六〇日に及んだ。この三年間の採訪を支えてくださった多くの皆様に、あらためて御礼を申し上げたい。

水窪協働センターの皆様、とくに所長の守屋一穂さん、高柳光男さん、小松実さんには、ひとかたならないご協力をいただいた。休日も学生の採録調査に同行してくださり、なかなかお年寄りが集まらないような日には、声かけにまわってくださったりもした。それがご縁で集会所にお越しいただき、出会えた話者も少なくない。

学生たちが「もちづきのおとうさん」「もちづきのおかあさん」と慕う民宿もちづきの望月満彦さん、敬美さんご夫妻にも御礼を申し上げたい。最近では学生たちに「冷蔵庫におやつが入っているからいつでも食べていいよ」とおっしゃってくださるそうだ。「おじいちゃん家《ち》に泊まってるみたい」と学生たちは喜んでいる。慣れない採録に緊張し、へとへとになって帰ってくる学生たちにとっては、どこよりも癒される場所である。

毎年、採録調査を始める直前には、黄地百合子先生と松本孝三先生にお越しいただき、レクチャーをしていただいてきた。お二人とも我が師・福田晃の昔話研究を受け継がれた昔話採訪《フィールドワーク》のエキスパートである。長年の経験に裏付けられた技術と心構えは学生たちの指針になっている。

学部の学生を編著者とする昔話の書籍なんて売れるかどうかもわからないのに、株式会社三弥井書店の吉田栄治社長は「水窪シリーズ」全三部の出版をお引き受けくださった。本書『みさくぼの伝説と昔話』は助成の執行期限（納期）が決められているにもかかわらず、入稿の遅れや校正戻しの遅れが度重なり、編集にあたられた吉田智恵氏にはずいぶんとご迷惑をおかけしてしまった。お詫びと感謝をあわせたらどのような言葉があるのだろうか。

そして、誰よりも水窪で私たちを迎え、昔話を語ってくださったおかあさん、おとうさんたちに心から御礼を申し上げます。おかあさんの優しさ、おとうさんたちの誇りをこの本に込めました。昔話はお話しいただかなくても、採録の場にお越しくださったすべてのおとうさん、おかあさんたちにも厚く御礼申し上げます。昔話はかたわらで聞いてくれる人がいて、はじめて成り立ちます。

最後に、この本を手に取り、お買い求めくださった皆様にも、厚く御礼申し上げます。皆様がこの本を買ってくださることが、次の採訪先へ向かう私たちの励みになります。今後ともかわらぬご支援を賜りますよう、あらためてお願い申し上げます。

二〇一七年三月一五日

二本松　康宏

※二〇一六年度の採録調査にあたっては、公益社団法人ふじのくに地域・大学コンソーシアムの「平成28年度 ゼミ学生地域貢献推進事業」（課題名「浜松市天竜区水窪町における民間口承文化財（昔話）の採録調査」）による助成を受けている。

※本書の刊行にあたっては、静岡文化芸術大学の「特別研究費」（研究名「浜松市天竜区水窪町における民間口承文化財（民話）の採録調査およびその公開と保存」）による助成を受けている。

編著者

佐藤妃莉（さとう・ひめり） 1995年６月15日生まれ、栃木県益子町出身

下川知沙子（しもかわ・ちさこ） 1995年12月20日生まれ、静岡県浜松市出身

羽石誠之助（はねいし・せいのすけ） 1995年７月19日生まれ、栃木県宇都宮市出身

東　美穂（ひがし・みほ） 1994年４月17日生まれ、福井県坂井市出身

平手結花（ひらて・ゆいか） 1995年８月21日生まれ、岐阜県土岐市出身

山本かむい（やまもと・かむい） 1995年６月30日生まれ、長野県松本市出身

監修者

二本松康宏（にほんまつ・やすひろ）

静岡文化芸術大学教授、博士（文学）

1966年　長野県戸隠村（現・長野市）に生まれる

1991年　立命館大学文学部文学科日本文学専攻卒業

1998年　立命館大学大学院文学研究科博士課程後期課程日本文学専攻修了

2008年　静岡文化芸術大学講師

2011年　　同　准教授

2016年　　現職

おもな著書

『曽我物語の基層と風土』（三弥井書店、2009年）、『中世の軍記物語と歴史叙述』（共著、佐伯真一編、竹林舎、2011年）、『中世の寺社縁起と参詣』（共著、徳田和夫編、竹林舎、2013年）、『水窪のむかしばなし』（二本松康宏監修、内村ゆうき・植田沙来・野津彩綾・福島愛生・山本理紗子編著、三弥井書店、2015年）、『諏訪信仰の中世―神話・伝承・歴史―』（福田晃・徳田和夫・二本松康宏編、三弥井書店、2015年）、『みさくぼの民話』（二本松康宏監修、岩堀奈央・植木朝香・末久千晶・鷹野智永・久田みずき編著、三弥井書店、2016年）等。

みさくぼの伝説と昔話

平成29年３月25日　初版発行

定価はカバーに表示してあります。

発行者　吉田　栄治

発行所　株式会社 **三弥井書店**

〒108−0073東京都港区三田3−2−39

電話03−3452−8069

振替00190−8−21125

ISBN978-4-8382-3318-2 C3039　整版・印刷 エーヴィスシステムズ